梅花心易即座考

羽化仙人

梅花心易即座考

序

凡《およ》そ占《うらな》ひは、我《わ》が熱烈《ねつれつ》なる一心《いつしん》が鬼神《きしん》に感通《かんつう》するより、鬼神《きしん》から吉凶《きつきやう》の告知《つげしらせ》を受《う》くるものなれば、其《そ》の方法《はうはふ》の如何《いかん》は必《かな》らずしも問《と》ふべきにあらず。略筮可《りやくせいか》なり。中筮可《ちうせいか》なり。本筮勿論可《ほんせいもちろんか》なり。其《そ》の他《ほか》、五行易《ごぎやうえき》にても、梅花心易《ばいくわしんえき》にても、苟《いやし》くも雑念《ざつねん》を攘《はら》ひて只管《ひたすら》進退去就《しんたいきよしう》を、神明《しんめい》なり我《わ》か祖先《そせん》の心靈《しんれい》なりに質《たゞ》しなば百《もゝ》たび問《と》ひて、百《もゝ》たび答《こた》へられずといふことなし。之《これ》に反《はん》して、たとひ方法《はうはふ》は完全《くわんぜん》なりとも、我《わ》か熱心《ねつしん》を缺《か》くときは、毫《すこし》も神明《しんめい》心靈《しんれい》に感通《かんつう》することなく、隨《したがつ》て何事《なにごと》をも告知《つげし》らされぬのである。西哲言《せいてつい》はずや、『自己《じこ》の事《こと》に深切《しんせつ》なるは自己《じこ》に如《し》くものなし』スペンサ著『代議政治論』と。此《こ》の點《てん》より言《い》ふときは、我《わ》か一身《いつしん》の事《こと》を占《うらな》ふは自己《じこ》を以《もつ》て最《もつと》も優《まさ》れりとす。

さりながら、イカニ熱心《ねつしん》なりとも、其《そ》の方法《はうはふ》に熟練《じゆくれん》せざれば正鵠《せいこく》に達《たつ》しがたし。さるに依《よつ》て本書《ほんしよ》には最《もつと》も輙《たやす》く熟練《じゆくれん》し得《う》べきの占法《せんぱふ》を載《の》せたり。讀者《どくしや》試《こゝろ》みて其《そ》の能《よ》く百中《ひやくちう》するを實驗《じつけん》せられよ。

但《たゞ》し本書《ほんしよ》說《と》く所《ところ》は、編者《へんしや》の創見《そうけん》にはあらず、從來《じうらい》世《よ》に梅花心易《ばいくわしんえき》なるものあり。然《しか》れども年代《ねんだい》既《すで》に久《ひさ》しく、往々《わう〳〵》大正《たいしやう》の今日《こんにち》に適應《てきおう》せざる所《ところ》なきにあらず。故《ゆゑ》を以《もつ》て編者《へんしや》は勉《つと》めて舊《きう》を去《さ》り、新《しん》に就《つ》き、又《また》自己《じこ》の意見《いけん》を以《もつ》て增補《ぞうほ》したる所《ところ》多《おほ》し

讀者《どくしや》庶幾《こひねが》はくは諒《りやう》せよ。

大正壬戌四月　　著者識

目次

上篇、

第一篇　總説

第二篇　占法一

中篇、

第三篇　占法　二

下篇、

第四篇　占例

目次終

梅花心易即座考

羽化仙人著述
柄澤照覺校閲

上篇

第一篇總説

第一章小引

邵康節先生《せうかうせつせんせい》（名は雍、字は堯夫。康節は其の號なり）は、宋朝第一流《そうてうだいいちりう》の碩學《せきがく》にして、程明道《ていめいだう》、程伊川《ていゐせん》の兄弟等《けうだいら》と親友《しんいう》であつた。天地《てんち》の變化《へんくわ》、陰陽《いんやう》の消長《しやうちやう》を觀《み》て、以《もつ》て萬物《ばんぶつ》の變《へん》に達《たつ》し、物數《ぶつすう》に精《くは》しく、推《お》すに中《あた》らぬといふ事《こと》がなかつた。嘗《かつ》て友人《ゆうじん》と共《とも》に天津橋上《てんしんきやうじやう》に散歩《さんぽ》したる時《じき》杜鵑《ほとゝぎす》の聲《こゑ》を聞《きい》て、愀然《しうぜん》として樂《たのし》まなんだ、友人《ゆうじん》怪《あやし》みて其《そ》の故《ゆゑ》を尋《たづ》ねたるに答《こた》へて曰《いは》く『洛陽《らくやう》橋は洛陽に在りにはもと杜鵑《ほとゝぎす》はなかつた。今《いま》始《はじ》めて來《きた》る。ソモ天下《てんか》將《まさ》に治《おさ》まらんとすれは、地氣《ちき》は北《きた》より南《みなみ》に至《いた》り、天下《てんか》將《まさ》に亂《みだ》れんとすれば、南《みなみ》より北《きた》に至《いた》る。今南方《いまなんぱう》の地氣《ちき》至《いた》る。禽鳥飛類《きんてうひるゐ》は氣《き》の先《さき》を得《う》るものである。惟《おも》ふに陛下《へいか》、南士《なんし》を大臣《だいじん》に登用《とうよう》せられ、天下《てんか》是《こ》れより多事《たじ》ならん』と、果《はた》して先生《せんせい》の言《ことば》の如《ごと》く、王安石《わうあんせき》、呂惠卿等《りよけいけいら》用《もち》ゐられて、頗《すこぶ》る物議《ぶつぎ》を釀《かも》すに至《いた》つた。慶曆年中《けいれきねんちう》仁宗皇帝の時の年號なり。我か後朱雀天皇の御宇に當る仁宗皇帝《じんそうくわうてい》に召《め》されて諸官《しよくわん》を經《へ》たれども、病《やまひ》と稱《しよう》して官《くわん》を辭《じ》し、山林《さんりん》に隱遯《ゐんとん》して專《もつぱ》ら心《こゝろ》を周易《しうえき》に留《とゞ》め、嚴《げん》冬《とう》の寒《さむ》き夜《よる》も圍爐裏《ゐろり》に近《ちか》よらず、三伏《さんぷく》の暑熱《しよねつ》にも扇子《せんす》を用《もち》ゐず、寒暑《かんしよ》を忘《わす》れて只管易《ひたよらえき》理《り》に熱中《ねつちう》したれども、みづから以爲《おもへ》らく、猶未《なほいま》だ其《そ》の蘊奥《うんおう》に達《たつ》せずと。是《こゝ》に於《おい》て易書《えきしよ》を壁《かべ》に張《は》り、晝《ひる》も夜《よる》も、坐《ざ》する時《とき》も、臥《ふ》す時《とき》も、眼《まなこ》を之《これ》に注《そゝ》ぎて、一刻《いつこく》も怠《おこた》らなんだ。

一日瓦枕《あるひかはらのまくら》頭を枕《まくら》にして午睡《ひるね》しけるに、鼠來《ねずみきた》りて前《まへ》にて甚《はなは》だ暴《あ》れ廻《まは》りければ、先生其《せんせいそ》の枕《まくら》を執《と》りて、鼠《ねずみ》に向《むか》つて抛《なげう》ちたるに中《あた》らず。枕《まくら》は二《ふた》つに碎《くだ》けた。先生近《せんせいちか》よりて之《これ》を見《み》るに、枕《まくら》の中《なか》に文字《もんじ》あり、取《とつ》て之《これ》を觀《み》るに、『此《こ》の枕《まくら》は、卯《う》の年《とし》四月《しぐわつ》十四日《じふよつか》、巳《み》の刻《こく》に、鼠《ねずみ》を見《み》て破《やぶ》るべし』と書《しる》してあつた。先生《せんせい》感《かん》じて以爲《おもへ》らく、『萬物《ばんぶつ》には皆《みな》自然《しぜん》の數《すう》あり』と。直《たゞ》ちに此《こ》の枕《まくら》を燒《や》きて造《つく》りたる瓦師《かはらし》の家《いへ》を尋《たづ》ねて之《これ》を訪《おとづ》れ、『此《こ》の枕《まくら》の中《なか》に文字《もんじ》を書《か》いた人《ひと》は何者《なにもの》ぞ』と問《と》ひたるに、瓦師《かはらし》答《こた》へて云《い》ふ。『往時《かつて》周易《しうえき》を携《たづさ》へたる一人《ひとり》の老翁《らうおう》が此《こ》の處《ところ》へ來《き》て瓦《かはら》を燒《や》く邊《ほとり》に休息《きうそく》して居《ゐ》たことがあつた。察《さつ》するところ此《こ》の文《もん》字《じ》は其《そ》の老翁《らうおう》が書《か》いたものであらふ。今《いま》に久《ひさ》しく來《きた》らざれど、私《わたくし》は其《そ》の人《ひと》を知《し》つて居《ゐ》る。イザ御同伴致《ごどうはんいた》さん』と。邵康節《せうかうせつ》を誘《いざな》ひて老人《らうじん》の許《もと》を訪問《おとづ》れた。しかし老人《らうじん》は既《すで》に亡《な》き人《ひと》の數《かず》に入《い》りたれど、家人《かじん》の言《ことば》に、一卷《いつくわん》の書《しよ》、跡《あと》に殘《のこ》り居《を》れり。且《か》つ老人死期《らうじんしご》に臨《のぞ》みていひけるやう。『何年何月何日何時《なんねんなんぐわつなんにちなんじ》、一人《ひとり》の秀才《しうさい》ありて尋《たづ》ね來《きた》るべし。其《そ》の人《ひと》に此《こ》の書《しよ》を授《さづ》けよ。吾《わ》が身《み》の事《こと》を委《くは》しく記《しる》し置《お》きたれば、必《かなら》ず甚《い》たく喜《よろこ》ぶであらふ』と、今此《いまこ》の御方《おかた》は、其《そ》の遺言《ゆゐごん》と少《すこ》しも違《たが》はぬ時刻《じこく》に來《きた》り玉《たま》へりとて、乃《すなは》ちその一卷《いつくわん》の書《しよ》を邵康節《せうかうせつ》に授《さづ》く。披《ひら》き見《み》れば則《すなは》ち易書《えきしよ》である。ソコデ此《こ》の書《しよ》の占例《せんれい》に據《よ》りて老人《らうじん》

『寝室《ねる》の下《した》に白金一壺《はくきんひとつぼ》あらん。發掘《ほりいだ》して老人《らうじん》の跡《あと》を弔《とむら》ふべし』

とあり。乃《すなは》ち家人《かじん》に敎《をし》へて掘《ほ》らしめたるに果《はた》して一壺《ひとつぼ》の白金《はくきん》があつた。

さて邵康節《せうかうせつ》は、彼《か》の易書《えきしよ》を受《う》け、禮《れい》を施《ほどこ》して歸宅《きたく》し、爾來《じらい》間《ま》がな、隙《すき》がな、その書《しよ》を玩味《ぐわんみ》するに、凡《およ》そ人間萬事《じんげんばんじ》、卜筮《ぼくぜい》を用《もち》ゐずして吉凶《きつきよう》を占《うらな》ひ知《し》ること甚《はなは》だ易《やす》く、百發《ぱつ》百中《ちう》せざることとなし。例《たと》へば、

【第一】梅《うめ》の木《き》の枝《えだ》にて、雀《すゞめ》が二羽《は》爭《あらそ》ひて地《ち》に墜《お》つるを觀《み》て、明夕近隣《みやうゆふきんりん》の少女《せうぢよ》が來《きた》りて花《はな》を折取《をりと》り、其《そ》の股《もゝ》を傷《きず》くる事《こと》を占《うらな》ひ知《し》りたるが如《ごと》き、此の占に依て、後世此の易を梅花心易と名く。○第四十九章に委し

【第二】牡丹《ぼたん》を占《うらな》ひて、翌日正午《よくじつしやうご》に、馬《うま》が來《き》て此《こ》の花《はな》を蹂躙《ふみにじ》るべきを知《し》りたるが如《ごと》き、第五十章に委し。

【第三】見眞寺《けんしんじ》の額《がく》を占《うらな》ひて、女人《によにん》の禍《わざはひ》あらんことを知《し》りたるが如《ごと》き、第五十二章に委し。

の家《いへ》を占《うらな》ふに、

【第四《だい》】老人《らうじん》の憂色《うれうろいろ》あるを占《うらな》ひて、其《そ》の必《かな》らず魚《うを》を食《しよく》して死《し》すべきことを知《し》りたるが如《ごと》き、第五十三章に委し。

【第五《だい》】青年《せいねん》の喜色《よろこぶいろ》あるを占《うらな》ひて其《そ》の近日妻《きんじつつま》を娶《めと》ることを知《し》りたるが如《ごと》き、第五十四章に委し

【第六《だい》】牛《うし》の鳴《な》くを占《うらな》ひてその必《かな》らず屠殺《はふりころ》さるべきことを知《し》りたるが如《ごと》き、第五十五章に委し

【第七《だい》】雞《にはとり》の鳴《な》くを占《うらな》ひて、その必《かなら》ず烹食《にしよく》せらるべきことを知《し》りたるが如《ごと》き、第五十五章に委し。

【第八《だい》】枯枝《かれえだ》の地《ち》に墜《お》つるを見《み》て、その木《き》の必《かなら》ず伐《き》らるべきことを知《し》りたるが如《ごと》き第五十五章に委し。

一《いつ》として的中《てきちう》せざるはなかつた。

邵康節《せうかうせつ》一日《あるとき》、椅子《いす》を前《まへ》に置《お》き、其《そ》の年月日時《ねんげつじつじ》より考《かんが》へ推《お》して是《これ》を占《うらな》ひ、その椅子《いす》の底《そこ》に、

『何年何月何日何時《なんねんなんぐわつなんにちなんじ》、一人《ひとり》の仙客來《せんかくきた》りて此《こ》の椅子《いす》に坐《ざ》を占《し》むべく、其《そ》の時《とき》、椅子《いす》は

折《を》れ傷《そこな》ふべし』

と記《しる》した。其《そ》の後果《のちはた》してその年月日時《ねんげつじつじ》に、一人《ひとり》の道士《だうし》あり、邵康節《せうかうせつ》を尋《たづ》ね來《き》て其《そ》の椅《い》子《す》に坐《ざ》を構《かま》へたが、椅子《いす》は忽《たちま》ち折傷《をれそこな》ひたれば、道士《だうし》は且《か》つ驚《おどろ》き、且《か》つ恥《は》ぢて、起《た》つて謝《しや》した。時《とき》に邵康節《せうかうせつ》は云《い》ふ。物《もの》の成《な》ると、破《やぶ》ることは皆定《みなさだ》まりたる數《すう》あり。又何《またなん》ぞ意《い》に介《かい》するに足《た》らん。且《か》つ君《きみ》は眞《しん》の神仙《しんせん》なり。幸《さいはひ》に今日相遇《こんにちあひあ》ふて懇話《こんわ》することそ樂《たの》しけれと。因《よつ》て椅子《いす》の底《そこ》に書《しる》せし文字《もんじ》を示《しめ》したれば、道士《だうし》は愕然《がくぜん》として起《た》つて走《はし》り出《い》で、忽《たちま》ち去《さ》つて復《ま》た見《み》えなんだとぞ。數理《すうり》の玄妙《げんみやう》なるや、鬼神《きじん》といへども逃《の》がるゝこと能《あた》はず。而《しか》るを況《い》はんや、人類《じんるゐ》に於《おい》てをや。況《い》はんや萬物《ばんぶつ》に於《おい》てをや。

第二章　乾坤、及び六子―八卦

周易《しうえき》に於《おい》ては乾坤《けんこん》の二卦《くわ》を卦《くわ》の始《はじめ》とし夏段の易、即ち連山、歸藏等より言へば、艮坤の二卦を始とするなどの說もあれど。之《これ》を天地《てんち》とも取《と》れば、父母《ふぼ》など丶も取《と》る。

乾 ☰　坤 ☷

此《こ》の父母《ふぼ》が最初《さいしょ》に相交《あひまじは》りて、――即《すなは》ち乾《けん》が坤《こん》に交《まじは》りて震《しん》を得《う》。之《これ》を長男《ちやうなん》と爲《な》す。又《また》坤《こん》が乾《けん》に交《まじは》りて巽《そん》を得《う》。之《これ》を長女《ちやうぢよ》と爲《な》す。

震（長男）☳　巽（長女）☴

又第《まただい》二回《くわい》に父母《ふぼ》が相交《あひまじは》りて、――即《すなは》ち乾《けん》が坤《こん》に交《まじは》りて坎《かん》を得《う》。之《これ》を中男《ちうなん》と爲《な》す。又《また》坤《こん》が乾《けん》に交《まじは》りて離《り》を得《う》。之《これ》を中女《ちうぢよ》と爲《な》す。

坎（中男）☵　離（中女）☲

又第《まただい》三回《くわい》に父母《ふぼ》が組交《あひまじへ》りて、――即《すなは》ち乾《けん》が坤《こん》に交《まじは》りて艮《ごん》を得《う》、之《これ》を少男《せうなん》と爲《な》す。又《また》坤《こん》が乾《けん》に交《まじは》りて兌《だ》を得《う》。之《これ》を少女《せうぢよ》と爲《な》す。

艮（少男）☶　　兌（少女）☱

此《こ》の震以下《しんいか》を六子《りくし》といふ。乾坤《けんこん》を合《あは》せて八卦《くわ》となる。故《ゆゑ》に八卦《くわ》の順序《じゆんじよ》は、乾《けん》、坤《こん》、震《しん》、巽《そん》、坎《かん》、離《り》、艮《ごん》、兌《だ》となるべきものにして、朱子派《しゆしは》の學者《がくしや》が言《い》ふ如《ごと》く乾《けん》、兌《だ》、離《り》、震《しん》、巽《そん》、坎《かん》、艮《ごん》、坤《こん》といふは當《あた》らず。さりながら之《これ》を占筮《せんぜい》に應用《おうよう》する以上《いじやう》は、もとも と神《かみ》と人《ひと》との精神《せいしん》の交通《かうつう》にして、只管《ひたすら》精神《せいしん》の集中《しふちう》を專《せん》一とすべく、八卦《くわ》の順序《じゆんじよ》の如《ごと》きは敢《あへ》て問《と》ふべき所《ところ》にあらぬゆゑ、本書《ほんしよ》に於《おい》ては、多數《たすう》の習慣《しふくわん》に從《したが》ひ、ヤハリ乾兌離震《けんだりしん》巽坎艮坤《そんかんごんこん》と順序《じゆんじよ》を立《た》てることにした。その心《こゝろ》にて下文《かぶん》を讀《よ》まれんことを乞《こ》ふ。

第三章　八卦方位

八卦《くわ》それ〴〵の方位《はうゐ》を以《もつ》て言《い》へば、震《しん》は東方《とうはう》にして春分《しゆんぶん》に當《あた》り、兌《だ》は西方《せいはう》にして秋《しう》分《ぶん》に當《あた》り、坎《かん》は北方《ほくはう》にして冬至《とうじ》に當《あた》り、離《り》は南方《なんぱう》にして夏至《げし》に當《あた》る。此《こ》の震兌坎離《しんだかんり》を四正卦《せいくわ》といふ。又艮《またごん》は東北隅《とうほくぐう》にして立春《りつしゆん》に當《あた》り、巽《そん》は東南隅《とうなんぐう》にして立夏《りつか》に當《あた》り、乾《けん》は西北隅《せいほくぐう》にして立冬《りつとう》に當《あた》り、坤《こん》は西南隅《せいなんぐう》にして立秋《りつしう》に當《あた》る。此《こ》の艮巽乾坤《ごんそんけんこん》を四隅卦《ぐうくわ》といふ。

但《たゞし》東《ひがし》は陽《やう》にして進《すゝ》むことを主《つかさど》る。震《しん》は長男《ちやうなん》ゆゑ、玆《こゝ》に居《ゐ》て、諸事《しよじ》を執《と》り行《おこな》ふ。西《にし》は陰《いん》にして退《しりぞ》くことを主《つかさど》る。兌《だ》は少女《せうぢよ》ゆゑ、玆《こゝ》に居《ゐ》て、兎角引込《とかくひきこ》み勝《がち》である、北《きた》は一陽《やう》來復《らいふく》の氣節《きせつ》に際《さい》す。坎《かん》は中男《ちうなん》ゆゑ、將《まさ》に漸《やうや》く進《すゝ》んで事《こと》を行《おこな》はんとす。南《みなみ》は一陰《いん》、陽中《やうちう》に萌《きざ》すの氣節《きせつ》に際《さい》す。離《り》は中女《ちうぢよ》ゆゑ、將《まさ》に漸《やうや》く退《しりぞ》いて事《こと》を避《さ》けんとす。東北偶《とうほくぐう》は冬《ふゆ》より春《はる》の堺《さかひ》である。艮《ごん》は少男《せうなん》ゆゑ、進《すゝ》んで事《こと》を行《おこな》はんとすれども、未《いま》だ諸事《しよじ》に熟練《じゆくれん》せず故《ゆゑ》に隅《すみ》に居《ゐ》て兄《あに》を見習《みなら》ふのである。東南隅《とうなんぐう》は春《はる》より夏《なつ》の堺《さかひ》である。巽《そん》は長女《ちやうぢよ》ゆゑ、將《まさ》に他家《たけ》に嫁《か》して退《しりぞ》き去《さ》らんとす。西北隅《せいほくぐう》は、もはや秋《あき》を過《す》ぎて冬《ふゆ》に遷《うつ》らんとするの氣《き》節《せつ》にして、草木生《さうもくしやう》ぜず。乾《けん》は父《ちゝ》ゆゑ、百事《じ》を震坎艮等《しんかんごんとう》に任《ま》かせて隱居《ゐんきよ》するのである。

坤《こん》も同《おな》じく西南隅退隠《せいなんぐうたいゐん》の地《ち》に居《を》れども、之《これ》を乾《けん》に比《くら》ぶれば、猶家事《なほかじ》に關渉《たづさ》はりつゝあるのだ。

第四章　六十四卦、三百八十四爻

元來此《ぐわんらいこ》の世《よ》の初《はじめ》は、大極《たいきよく》とて、天《てん》もなく、地《ち》もなく、陰《いん》もなく、陽《やう》もなく、渾沌《こんとん》たるものであつた。それが陽《やう》と陰《いん》との二つに分《わか》れて、陽《やう》、即《すなは》ち輕《かる》く清《す》めるものは騰《のぼ》りて天《てん》と爲《な》り、陰《いん》、即《すなは》ち重《おも》く濁《にご》れるものは、降《くだ》りて地《ち》となつた。而《そ》して其《そ》の中間《ちうかん》に人《ひと》を生《しやう》じた。されば此《こ》の三者《しや》を天地人三才《てんちじんさい》といふ。既《すで》に天地《てんち》あれば、寒暑四時《かんしよしじ》の變化循環《へんくわじゆんくわん》を生《しやう》じて、それで萬物《ばんぶつ》が生々《せい〳〵》し、新陳交代《しんちんかうたい》す。

さて易《えき》は、聖人《せいじん》が天地《てんち》に象《かたど》りて作《つく》りたるものの故《ゆゑ》に、既《すで》に前章《ぜんしやう》に述《の》べた通《とほ》り、八卦《くわ》は孰《いづ》れも三爻《かう》ありて天地人三才《てんちじんさい》に象《かたど》り、上《うへ》を天《てん》とし、中《なか》を人《ひと》として、下《した》を地《ち》とす。さうながら元來天《ぐわんらいてん》には、晝《ひる》と夜《よる》、暑《あつ》さと寒《さむ》さ等《とう》の如《ごと》き陽《やう》と陰《いん》とあり。地《ち》には山《やま》と川《かは》との如《ごと》き、又《また》は春夏秋冬《はるなつあきふゆ》に於《おい》て天《てん》の命《めい》ずるが儘《まゝ》に物《もの》を生長斂藏《せいちやうれんざう》するの柔《じう》と、萬物《ばんぶつ》を持載《ぢさい》して撓《たゆ》まざるの剛《がう》とあり。人《ひと》にも亦惠愛《またあいけい》の仁《じん》と割斷《くわつだん》の義《ぎ》とありて、天地人《てんちじん》皆《みな》二種《しゆ》の氣《き》、二種《しゆ》の質《しつ》、二種《しゆ》の性《せい》を有《いう》する故《ゆゑ》に、易《えき》はそれに象《かたど》り、三爻《さんかう》を重《かさ》ねて六爻《かう》にした。その事《こと》は說卦傳《せつくわでん》に『天《てん》の道《みち》を立《た》てゝ曰《いは》く陰《いん》と陽《やう》と。地《ち》の道《みち》を立《た》てゝ曰《いは》く柔《じう》と剛《がう》と。人《ひと》の道《みち》を立《た》てゝ曰《いは》く仁《じん》と義《ぎ》と、三才《さい》を兼《か》ねて之《これ》を兩《ふたつ》にす。故《ゆゑ》に易《えき》は六畫《くわく》にして卦《くわ》を成《な》す』とあり。三才《さい》を兼《か》ねて之《これ》を兩《ふたつ》にすとは、三才《さい》に象《かたど》つた上中下《じやうちうげ》三段《だん》の爻《かう》を各々兩《おのおのふたつ》づゝとして六爻《かう》に分《わか》ちたるをいふ。乃《すなは》ち下《した》より數《かぞ》へて一番下《ばんした》を初爻《しよかう》とし、次《つぎ》を二爻《かう》とし、此《この》二つを地《ち》の位《くらゐ》と定《さだ》め、又《また》その次《つぎ》を三爻《かう》とし、次《つぎ》を四爻《かう》として、此《こ》の二つを人《ひと》の位《くらゐ》と定《さだ》め、又《また》その次《つぎ》を五爻《かう》とし、一番上《ばんうへ》、即《すなは》ち六爻目《かうめ》を上爻《じやうかう》として、此《こ》の二つを天《てん》の位《くらゐ》と定《さだ》め、且《か》つ初《しよ》、三、五の三爻《かう》をば陽《やう》とし、地で言へば剛、人で言へば仁。二、四、上《じやう》の三爻《かう》をば陰《いん》地で言へば柔、人で言へば義。とすること左《さ》の如《ごと》し。

【茲處《こゝ》には一例《れい》として乾《けん》の卦《くわ》を擧《あ》げたれども八卦皆同《くわみなおな》じ】

上爻	五爻	四爻	三爻	二爻	初爻
⚊	⚊	⚊	⚊	⚊	⚊
陰位	陽位	陰位	陽位	陰位	陽位
柔	剛	柔	剛	柔	剛
義	仁	義	仁	義	仁

然《しか》るに今言《いまい》つた通《とほ》り、天地《てんち》には寒暑《かんしよ》四時《じ》の變化《へんくわ》循環《じゆんくわん》あり、且《か》つ雲行《くもゆ》き、雨施《あめほどこ》して萬物生々《ばんぶつせい〳〵》し、新陳代謝《しんちんたいしや》する如《ごと》く、人《ひと》にも幼壯老衰《えうさうらうすゐ》の變化《へんくわ》循環《じゆんくわん》あり、且《か》つ男女相交《だんぢよあひまじは》りて子孫蕃殖《しそんはんしよく》し、又《ま》た新陳代謝《しんちんたいしや》する故《ゆゑ》に、易《えき》も亦《また》それに則《のつと》りて、(一)八卦《くわ》互《たがひ》に相交錯《あひかうさく》するか、又《また》は(二)八卦六爻《くわかう》、爻毎《かうごと》に、甲卦《かふくわ》の陽爻《やうかう》は、各々乙卦《おの〳〵おつくわ》の陰爻《いんかう》と相交《あひまじは》り、又甲卦《またかふくわ》の陰爻《いんかう》は、各々乙卦《おの〳〵おつくわ》の陽爻《やうかう》と相交《あひまじは》りて、六十四卦《くわ》、三百八十四爻《かう》を生《しやう》ずること左《さ》の如《ごと》くなるのである。

【一】

乾 ䷀

坤と相交すれば錯

䷋ 否

離と相交すれば錯

䷌ 同人

震と相交すれば錯

䷘ 无妄

艮と相交すれば錯

䷠ 遯

巽と相交すれば錯

䷫ 姤

兌と相交すれば錯

䷉ 履

坎と相交すれば錯

䷅ 訟

計八卦

坤 ䷁

乾と相交すれば錯

䷊ 泰

離と相交すれば錯

䷣ 明夷

震と相交すれば錯

䷗ 復

艮と相交すれば錯

䷎ 謙

巽と相交すれば錯

䷭ 升

兌と相交すれば錯

䷒ 臨

坎と相交すれば錯

䷆ 師

計八卦

☳ 震

乾と相交錯すれば ䷡ 大壮

離と相交錯すれば ䷶ 豊

坤と相交錯すれば ䷏ 豫

艮と相交錯すれば ䷽ 小過

巽と相交錯すれば ䷟ 恒

兌と相交錯すれば ䷵ 帰妹

坎と相交錯すれば ䷧ 解

計八卦

☴ 巽

乾と相交錯すれば ䷈ 小畜

離と相交錯すれば ䷤ 家人

坤と相交錯すれば ䷓ 観

艮と相交錯すれば ䷴ 漸

震と相交錯すれば ䷩ 益

兌と相交錯すれば ䷼ 中孚

坎と相交錯すれば ䷺ 渙

計八卦

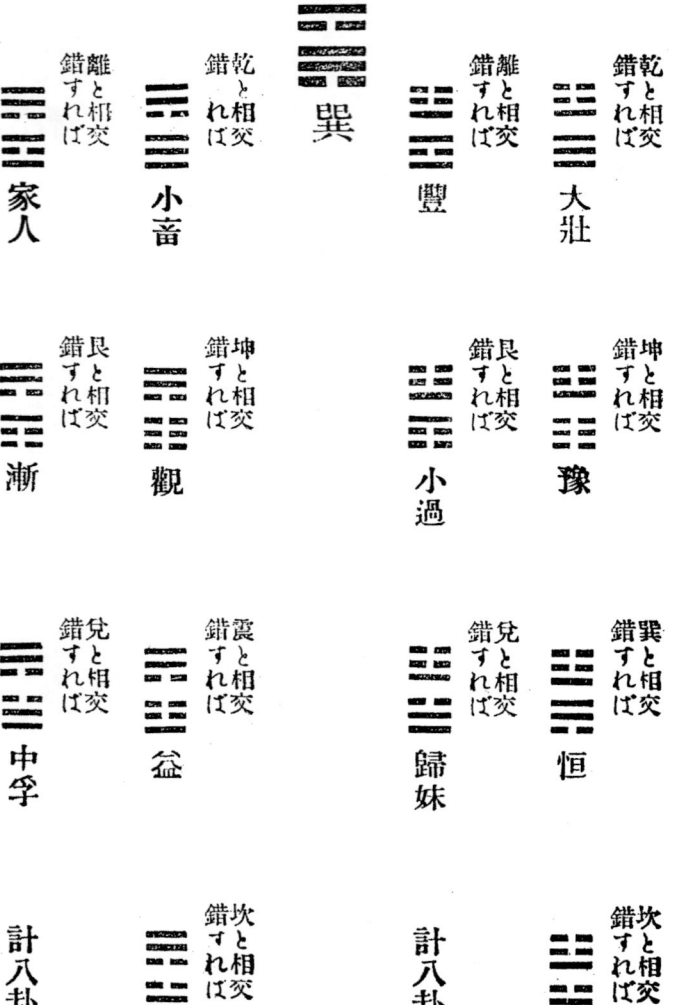

坎

乾と相交錯すれば　需

離と相交錯すれば　既濟

坤と相交錯すれば　比

艮と相交錯すれば　蹇

震と相交錯すれば　屯

兌と相交錯すれば　節

巽と相交錯すれば　井

計八卦

離

乾と相交錯すれば　大有

坎と相交錯すれば　未濟

坤と相交錯すれば　晉

艮と相交錯すれば　旅

震と相交錯すれば　噬嗑

兌と相交錯すれば　睽

巽と相交錯すれば　鼎

計八卦

艮

乾と相交錯すれば　大畜

坤と相交錯すれば　剝

震と相交錯すれは　頤

巽と相交錯すれば　蠱

坎も相交錯すれば　蒙

離と相交錯すれば　賁

兌と相交錯すれば　損

計八卦

兌

乾と相交錯すれば　夬

坤と相交錯すれば　萃

震と相交錯すれば　隨

巽と相交錯すれば　大過

坎と相交錯すれば　困

離と相交錯すれば　革

艮と相交錯すれば　咸

計八卦

総計六十四卦――三百八十四爻

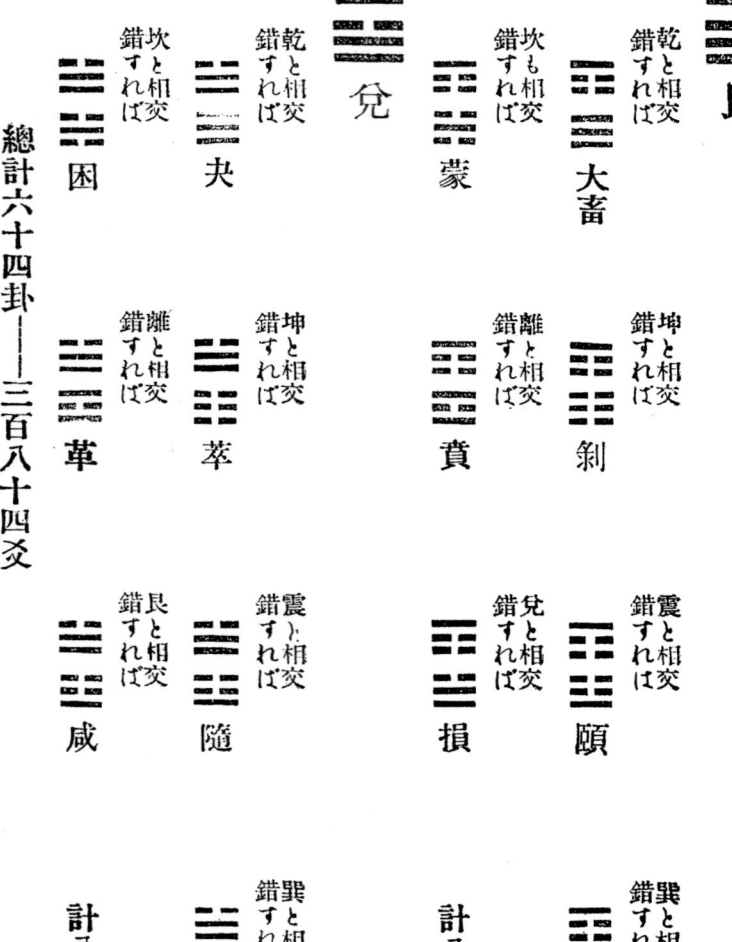

（二）

䷀ 乾

初爻變すれば ䷫ 姤　二爻變すれば ䷠ 遯　三爻變すれば ䷋ 否　四爻變すれば ䷓ 觀

五爻變すれば ䷖ 剝　上爻變すれば ䷁ 坤

【變《へん》ずるとは、陽爻《やうかう》と陰爻《いんかう》と相交《あひまじ》はり、易《か》はるをいふ。以下《いか》同《おな》じ】

䷁ 坤

初爻變すれば ䷗ 復　二爻變すれば ䷒ 臨　三爻變すれば ䷊ 泰　四爻變すれば ䷡ 大壯

五爻變すれば ䷪ 夬　上爻變すれば ䷀ 乾

【此《こ》の事《こと》に就《つい》ては、下文《かぶん》に再《ふたゝ》び委《くは》しく釋《と》くべきに依《よ》り、以下略《いかりやく》す】

第五章　五行――相生相剋

五行《ぎやう》とは、行《ぎやう》は、めぐるといふ義《ぎ》。韻會《ゐんくわい》に『天地《てんち》の間《あひだ》を運《めぐ》り、未《いま》だ嘗《かつ》て停息《ていそく》せず。故《ゆゑ》に名《なづ》く』とあり。乃《すなは》ち水《みづ》、火《ひ》、木《き》、金《かね》、土《つち》の五つにて、木《き》は四季《き》に取《と》りては春《はる》とし、方位《はうゐ》に取《と》りては東《ひがし》とし、八卦《くわ》に取《と》りては震《しん》とす。金《かね》は秋《あき》とし、西《にし》とし、兌《だ》とす。水《みづ》は冬《ふゆ》、北《きた》、坎《かん》とし、火《ひ》は夏《なつ》、南《みなみ》、離《り》とし、土《つち》は四季《き》の土用《どよう》、中央《ちうわう》、又坤艮《またこんごん》とす、その外《ほか》、巽《そん》を木《き》、乾《けん》を金《きん》とす。

（甲）五行相生

傳說《でんせつ》に據《よ》るに、水《みづ》は木《き》を生《しやう》じ、木《き》は火《ひ》を生《しやう》じ、火《ひ》は土《つち》を生《しやう》じ、土《つち》は金《かね》を生《しやう》じ、金《かね》は水《みづ》を生《しやう》ず。之《これ》を五行《ぎやう》の相生《さうしやう》といふ。

水《みづ》、木《き》を生《しやう》ず

古人《こじん》は是《これ》を釋《とい》て云《い》ふ。水《みづ》は木《き》の母《はゝ》なり。水竭《みづつく》れば木枯《きか》る。且《か》つたとひ根《ね》を切《き》りたる木《き》にても、水《みづ》に浸《ひた》し置《お》けば、永久《えいきう》、或《あるひ》は霎時《しばし》の間《あひだ》生存《せいそん》す。又果實《またくわじつ》を見《み》るに、未《いま》だ熟《じゆく》せざる前《まへ》は水《みづ》たり。花《はな》も亦未《またいま》だ發達《はつたつ》せぬ前《まへ》に揉破《もみやぶ》れば水《みづ》である。これらに據《よつ》て水《みづ》が木《き》を生《しやう》ずることを知《し》るべし。或《あるひ》はいふ。木《き》はすべて土《つち》より生《しやう》じ、土《つち》なくては永《なが》く生存《せいそん》し難《がた》し。さるを土《つち》が木《き》を生《しやう》ずといはずして、水《みづ》が木《き》を生《しやう》ずといふは何故《なにゆえ》ぞと。イカサマ是《こ》れは一理《いちり》あるに似《に》たり。されば下文第六章《かぶんだいしやう》に在《あ》る如《ごと》く、土《つち》を水《みづ》の良人《をつと》とす。父《ちゝ》(土《つち》)なくては子《こ》(木《き》)を生《う》むこと能《あた》はず。さはさりながら父《ちゝ》(土《つち》)が子《こ》(木《き》)を生《う》むにあらずして母《はゝ》(水《みづ》)が子《こ》(木《き》)を生《う》むのである。

木《き》、火《ひ》を生《しやう》ず

木《き》は火《ひ》の母《はゝ》なり。木《き》なくては火燃《ひも》ゆることなく、木竭《きつく》れば火消《ひき》ゆ。又檜山《またひのきやま》などの類《るゐ》を見《み》るに、樹木互《じゆもくたがひ》に揉合《もみあ》ふときは火《ひ》を發《はつ》す。或《あるひ》は云《い》ふ。金《かね》と金《かね》と相打《あひう》てば火《ひ》を發《はつ》し、石《いし》と石《いし》と打《う》つときも、金《かね》と石《いし》と打《う》つときも、積極電氣《せきゝよくでんき》と消極電氣《せうきよくでんき》と相《あひ》接《せつ》するときも、亦火《またひ》を發《はつ》し、雷《らい》の如《ごと》きも亦電火《またでんくわ》を發《はつ》するにあらずやと。然《しか》り、然《しか》れども此《こ》の類《るゐ》の火《ひ》は皆體《みなたい》なし。木《き》を借《か》りて始《はじ》めて燃《も》ゆる火《ひ》に體《たい》あり。石炭の如きも亦木なり。故《ゆゑ》に木《き》、火《ひ》を生《しやう》ずといふのである。

火《ひ》、土《つち》を生《しやう》ず　凡《すべ》て火《ひ》は消ゆるときは灰《はい》となる。灰《はい》と土《つち》とは一體《たい》である。即《すなは》ち火《ひ》が土《つち》を生《しやう》ずるの證《しよう》なり。

土《つち》、金《かね》を生《しやう》ず　鑛山《くわうざん》には必《かな》らず金屬《きんぞく》を生《しやう》ず。是《こ》れ土《つち》が金《かね》を生《しやう》ずるの證《しよう》なり。但《たゞ》し海中《かいちう》にも金《かね》ありて、水《みづ》が生《しやう》ずるに似《に》たれども、これ亦海底《またかいてい》の土《つち》より金《かね》を生《しやう》ずるものにて、ヤハリ土《つち》が金《かね》を生《しやう》ずるのである。

金《かね》、水《みづ》を生《しやう》ず　古來《こらい》の說《せつ》に、金《かね》は水《みづ》を生《しやう》ず。火《ひ》にて金《かね》を炙《あぶ》れば水浮《みづうか》び出《い》づ。是《こ》れ金《かね》が水《みづ》を生《しやう》ずる故《ゆえ》であると。但《たゞ》し火《ひ》にて炙《あぶ》る故《ゆえ》に水《みづ》を生《しやう》ずるより見《み》れば、火《ひ》が水《みづ》を生《しやう》ずるに似《に》たれども、決《けつ》して然《しか》らず。火《ひ》は金《かね》の良人《をつと》たる故《ゆゑ》に、金《かね》をして水《みづ》を生《う》ましむるのであると、下文第六章《かぶんだいしやう》十干《かん》の部《ぶ》、猶种々《なほしゆ〴〵》の說《せつ》あれど、只《たゞ》舊說《きうせつ》として前記《ぜんき》だけを存《そん》し置《お》くのみ、尚《な》ほ詳細《せうさい》の事《こと》は、協記辨方書《けうきべんはうしよ》を參照《さんせう》せば興味深《きやうみふか》からん。

【此《こ》の五行相生《ぎやうさうしやう》を諳記《あんき》せんが爲《た》めには、木火土金水《もくくわどごんすゐ》といふ順序《じゆんじよ》に覺《おぼ》え置《お》くべし。乃《すなは》ち木《き》か火《ひ》を生《しやう》じ、火《ひ》が土《つち》を生《しやう》じ、土《つち》が金《かね》を生《しやう》じ、金《かね》が水《みづ》を生《しやう》じ、水《みづ》が上《うへ》へ循環《じゆんくわん》

して木《き》を生《しやう》ずることを諳《そらん》じ得《う》べし】

（乙）　五行相剋

水《みづ》、火《ひ》を剋《こく》す　水《みづ》を火《ひ》に灌《そゝ》げば火《ひ》消《き》ゆ。是《こ》れ水《みづ》が火《ひ》を剋《こく》する故《ゆゑ》である。

火《ひ》、金《かね》を剋《く》す　火《ひ》にて金《かね》を焼《や》けば金鎔解《かねようかい》す。たとひ黄金《わうごん》の如《ごと》き堅《かた》き金屬《きんぞく》にても、華氏《くわし》六百五十度《ど》の熱度《ねつど》を加《くは》ふるときは、忽《たちま》ち鎔《と》け去《さ》るといふ。乃《すなは》ち火《ひ》が金《かね》を剋《こく》するの證《しよう》である。

金《かね》、木《き》を剋《こく》す　金屬《きんぞく》は能《よ》く木《き》を切《き》る。是《こ》れ金《かね》が木《き》を剋《こく》するの證《しよう》である。

木《き》、土《つち》を剋《こく》す　樹木《じゆもく》を植《う》え、その他《た》巨大《おほき》な材木《ざいもく》を立《た》てんとする時《とき》は、それだけの土《つち》を穿《うが》ち取《ど》る。是《こ》れ木《き》が土《つち》を剋《こく》するの證《しよう》である。

土《つち》、水《みづ》を剋《こく》す　水路《するろ》に堤防《ていばう》を築《きづ》けば、その水《みづ》を堰《せ》き止《と》め、清水《せいすゐ》に土《つち》を投《とう》ずれば、その水忽《みづたちま》ち濁《にご》る。是《こ》れ土《つち》が水《みづ》を剋《こく》するの證《しよう》である。

「此《こ》の五行相尅《ぎやうさうこく》を諳記《あんき》せんと思《おも》はゞ、前《まへ》の五行相生《ぎやうさうしやう》の場合《ばあひ》に於《お》ける木火土金水《もくくわどごんすゐ》を一つおきに水火金木土《すゐくわきんもくど》といふ順序《じゆんじよ》に覺《おぼ》え置《お》くべし。乃《すなは》ち水《みづ》が火《ひ》を尅《こく》し、火《ひ》が金《かね》を尅《こく》し、金《かね》が木《き》を尅《こく》し、木《き》が土《つち》を尅《こく》し、土《つち》が水《みづ》を尅《こく》すること諳《そら》んじ得《え》らるべきである。」

第六章　十干、十二支

(一) 十干

十干《かん》、即《すなは》ち甲《きのえ》、乙《きのと》、丙《ひのえ》、丁《ひのと》、戊《つちのえ》、己《つちのと》、庚《かのえ》、辛《かのと》、壬《みづのえ》、癸《みづのと》は、我《わ》が邦語《はうご》にて「えと」といふ。「えと」とは兄弟《えと》といふ義《ぎ》にて、前章《せんしやう》に擧《あ》げたる木火土金水《もくくわどごんすゐ》の五行《ぎやう》を兄《あに》と弟《おとうと》との二つに分《わ》けたものである。即《すなは》ち甲(きのえ)、乙(きのと)は、木《き》を「え」(兄)「と」(弟)との二つに分《わ》けたもの、丙(ひのえ)、丁(ひのと)は、火《ひ》を「え」(兄)と「と」(弟)との二つに分《わ》けたもの、戊(つちのえ)、己(つちのと)は、土《つち》を二つに分《わ》けたもの、庚(かのえ)、辛（かのと）は、金《きん》を二つに分《わ》けたもの、壬（みづのえ）、癸（みづのと）は、水《みづ》を二つに分《わ》けたものである。尤《もつと》も兄（え）弟（と）とは云《い》ふもの丶、實《じつ》は陰《いん》と陽《やう》とを分《わ》けたもの、即《すなは》ち男性《だんせい》と、女性《ぢよせい》とに分《わ》けたのである。それゆえ左傳《さでん》昭公九年には、『火《ひ》は水《みづ》の妃《ひ》なり』とありて、そこの杜預《どよ》の注《ちう》に『火《ひ》は水《みづ》を畏《おそ》る丶故《ゆゑ》に、之《これ》が妃《ひ》と爲《な》る』と釋《と》き、孔穎達《こうえいたつ》の疏《そ》には『陰陽《いんやう》の書《しよ》に五行配合《ぎやうはいがふ》の説《せつ》あり。甲乙《きのえきのと》は木《き》なり。丙丁《ひのえひのと》は火《ひ》なり。戊己《つちのえつちのと》は土《つち》なり。庚辛《かのえかのと》は金《かね》なり、壬癸《みづのえみづのと》は水《みづ》なり。木《き》は土《つち》を剋《こく》し、土《つち》は水《みづ》を剋《こく》し、水《みづ》は火《ひ》を剋《こく》し、火《ひ》は金《かね》を剋《こく》し、金《かね》は木《き》を剋《こく》す。木《き》は金《かね》を畏《おそ》れて、乙《きのと》を以《もつ》て庚《かのえ》の妃《ひ》と爲《な》す。金《かね》は火《ひ》を畏《おそ》れて、辛《かのと》を以《もつ》て丙《ひのえ》の妃《ひ》と爲《な》す。火《ひ》は水《みづ》を畏《おそ》れて、丁《ひのと》を以《もつ》て壬《みづのえ》の妃《ひ》と爲《な》す。水《みづ》は土《つち》を畏《おそ》れて、癸《みづのと》を以《もつ》て戊《つちのえ》の妃《ひ》と爲《な》す。土《つち》は木《き》を畏《おそ》れて、己《つちのと》を以《もつ》て甲《きのえ》の妃《ひ》と爲《な》す。杜預《どよ》此《こ》の説《せつ》を用《もち》ゆ。故《ゆゑ》に火《ひ》は水《みづ》を畏《おそ》る丶故《ゆゑ》に、之《これ》が妃《ひ》と爲《な》るといふ』とあり。乃《すなは》ち

甲《きのえ》 男性 木 ―― 妃《ひ》 己《つちのと》 女性 土

丙《ひのえ》 男性 火 ―― 妃《ひ》 辛《かのと》 女性 金

戊《つちのえ》土男性——妃《ひ》癸《みづのと》水女性
庚《かのえ》金男性——妃《ひ》乙《きのと》木女性
壬《みづのえ》水男性——妃《ひ》丁《ひのと》火女性

【此《こ》の表《ひやう》に據《よ》りて、前章《ぜんしやう》に『土《つち》を水《みづ》の良人《をつと》とす』といひ、又《また》『火《ひ》は金《かね》の良人《をつと》』とあるを知《し》るべし。】

(二) 十二支

十二支《し》とは、子《ね》、丑《うし》、寅《とら》、卯《う》、辰《たつ》、巳《み》、午《うま》、未《ひつじ》、申《さる》、酉《とり》、戌《いぬ》、亥《ゐ》の十二をいふ。これはもと六氣《りくき》陰、陽、風、雨、晦、明の六つなりともいひ、(左傳昭公元年)。又平旦、日中、日入、夜半、天玄、地黄の六つなりともいふ。(莊子逍遙遊篇郭象注)を剛柔《がうじう》に分《わ》けたものであるといふ。それゆえ子《ね》、寅《とら》、辰《たつ》、午《うま》、申《さる》、戌《いぬ》の六つを剛《がう》とし、丑《うし》、卯《う》、巳《み》、未《ひつじ》、酉《とり》、亥《ゐ》の六つを柔《じう》とす。之《これ》を十干《かん》に配合《はいがふ》するときは、その數《すう》六十となる。即《すなは》ち

○甲《きのえ》子《ね》	乙《きのと》丑《うし》	丙《ひのえ》寅《とら》	丁《ひのと》卯《う》	戊《つちのえ》辰《たつ》	己《つちのと》巳《み》
庚《かのえ》午《うま》	辛《かのと》未《ひつじ》	壬《みづのえ》申《さる》	癸《みづのと》酉《とり》	○甲《きのえ》戌《いぬ》	乙《きのと》亥《ゐ》

丙《ひのえ》子《ね》 丁《ひのと》丑《うし》 戊《つちのえ》寅《とら》 己《つちのと》卯《う》 庚《かのえ》辰《たつ》 辛《かのと》巳《み》
壬《みづのえ》午《うま》 癸《みづのと》未《ひつじ》 ○甲《きのえ》申《さる》 乙《きのと》酉《とり》 丙《ひのえ》戌《いぬ》 丁《ひのと》亥《ゐ》
戊《つちのえ》子《ね》 己《つちのと》丑《うし》 庚《かのえ》寅《とら》 辛《かのと》卯《う》 壬《みづのえ》辰《たつ》 癸《みづのと》巳《み》
○甲《きのえ》午《うま》 乙《きのと》未《ひつじ》 丙《ひのえ》申《さる》 丁《ひのと》酉《とり》 戊《つちのえ》戌《いぬ》 己《つちのと》亥《ゐ》
庚《かのえ》子《ね》 辛《かのと》丑《うし》 壬《みづのえ》寅《とら》 癸《みづのと》卯《う》 ○甲《きのえ》辰《たつ》 乙《きのと》巳《み》
丙《ひのえ》午《うま》 丁《ひのと》未《ひつじ》 戊《つちのえ》申《さる》 己《つちのと》酉《とり》 庚《かのえ》戌《いぬ》 辛《かのと》亥《ゐ》
壬《みづのえ》子《ね》 癸《みづのと》丑《うし》 ○甲《きのえ》寅《とら》 乙《きのと》卯《う》 丙《ひのえ》辰《たつ》 丁《ひのと》巳《み》
戊《つちのえ》午《うま》 己《つちのと》未《ひつじ》 庚《かのえ》申《さる》 辛《かのと》酉《とり》 壬《みづのえ》戌《いぬ》 癸《みづのと》亥《ゐ》

がそれである。されば之《これ》を歳《とし》に充《あ》てると、六十一年目《ねんめ》に復《ふたゝ》び元《もと》へ還《かへ》るのである。

昔者《むかしは》一晝夜《ちうや》を十二に等分《とうぶん》今日は二十四に等分す。して是《これ》をそれ〴〵十二支《し》に當《あ》てた。即《すなは》ち夜半《やはん》十二時《じ》を子刻《ねのこく》とし、今《いま》の午前《ごぜん》二時《じ》を丑刻《うしのこく》とし、同《おなじく》四時《じ》を寅刻《とらのこく》とし、同《おなじく》六時《じ》を卯刻《うのこく》とし、同《おなじく》八時を辰刻《たつのこく》とし、同《おなじく》十時《じ》を巳刻《みのこく》とし、正午《しやうご》十二時《じ》を午刻《うまのこく》とし、午後《ごご》二時《じ》を未刻《ひつじのこく》とし、同四時《おなじくじ》を申刻《さるのこく》とし、同六時《おなじくじ》を酉刻《とりのこく》とし、同八時《おなじくじ》を戌刻《いぬのこく》とし、同十時《おなじくじ》を亥刻《ゐのこく》とす。

又之《またこれ》を陰暦《いんれき》の十二ケ月《げつ》に配當《はいたう》して、

正　月(寅)	二　月(卯)	三　月(辰)	四　月(巳)
五　月(午)	六　月(未)	七　月(申)	八　月(酉)
九　月(戌)	十　月(亥)	十一月(子)	十二月(丑)

とし、

又是《またこれ》を五行《ぎやう》に配當《はいたう》して、

亥子《ゐね》(水《みづ》)　寅卯《とらう》(木《き》)　巳午《みうま》(火《ひ》)　申酉《さるとり》(金《きん》)　丑辰未戌《うしたつひつじいぬ》(土)

とす。

十干《かん》十二支《し》を方位《はうゐ》に配當《はいたう》するときは左《さ》の如《ごと》し。

中央
子
水
壬
癸
坎
水

第七章　五親

【從來諸《じうらいもろ〳〵》の易書《えきしよ》に是《これ》を六親《しん》と稱《とな》ふれども、事實上《じじつじやう》に於《おい》て、五つより外《ほか》なきゆえ、是《これ》を五親《しん》と改《あらた》む。】

五親《しん》とは、父母《ふぼ》、子孫《しそん》、妻財《さいざい》、兄弟《きやうだい》、官鬼《くわんき》、の五つをいふ。我《わ》れを生《う》むものを父母《ふぼ》と爲《な》し、我《わ》が生《う》むものを子孫《しそん》と爲《な》し、我《わ》が剋《こく》するものを妻財《さいざい》と爲《な》し、我《わ》れと比和《ひわ》するものを兄弟《きやうだい》と爲《な》し、我《わ》れを剋《こく》するものを官鬼《くわんき》と爲《な》す。

例《たと》へば、五行《ぎやう》の中《うち》の、水《みづ》より言《い》へば、我《わ》れを生《う》むものは金《かね》なれば、金《かね》は則《すなは》ち父母《ふぼ》である。又我《またわ》が生《う》むものは木《き》なれば、木《き》は則《すなは》ち子孫《しそん》である。我《わ》が剋《こく》するものは、火《ひ》なれば、火《ひ》は則《すなは》ち妻財《さいざい》である。我《わ》れと比和《ひわ》するものは我《わ》れと同《おな》じき水《みづ》なれば、水《みづ》は則《すなは》ち兄《きやう》弟《だい》である。我《わ》れを剋《こく》するものは土《つち》なれば、土《つち》は則《すなは》ち官鬼《くわんき》である。

又火《またひ》より言《い》へば、我《わ》れを生《う》むものは木《き》なれば、木《き》は則《すなは》ち父母《ふぼ》である、我《わ》が生《う》むものは土《つち》なれば、土《つち》は則《すなは》ち子孫《しそん》である。我《わ》が剋《こく》するものは金《かね》なれば、金《かね》は則《すなは》ち妻財《さいざい》である。我《わ》れと比和《ひわ》するものは、我《わ》れと同《おな》じき火《ひ》なれば、火《ひ》は則《すなは》ち兄弟《きやうだい》である。我《わ》れを剋《こく》するものは水《みづ》なれば、水《みづ》は則《すなは》ち官鬼《くわんき》である。

【餘《よ》は推《お》して知《し》るべし。】

今是《いまこれ》を表《へう》にあらはすときは左《さ》の如《ごと》し。

	父母	子孫	妻財	兄弟	官鬼
水	金	木	火	水	土
火	木	土	金	火	水
木	水	火	土	木	金
金	土	水	木	金	火

	父母	子孫	妻財	兄弟	官鬼
土	火	金	水	土	木

然《しか》らば此《こ》の五親《しん》を八卦《くわ》、并《ならび》に六十四卦《くわ》に應用《おうよう》するときは如何《いか》といふに、前章《ぜんしやう》に說《と》きたる如《ごと》く、乾兌《けんだ》は金《かね》、震巽《しんそん》は木《き》、坎《かん》は水《みづ》、離《り》は火《ひ》、坤艮《こんごん》は土《つち》である。しかし六十四卦《くわ》に應用《おうよう》するには如何《いかゞ》すべきや。請《こ》ふ次《つぎ》の第《だい》八章以下《しやういか》に於《おい》て說《と》かん。

第八章　八宮——世、應、身

附　遊魂、歸魂

乾《けん》、坤《こん》、震《しん》、巽《そん》、坎《かん》、離《り》、艮《ごん》、兌《だ》の八純卦《じゆんくわ》は乾坤等の八卦は上卦が乾なれば下卦も乾、上卦が坤なれば下卦も坤、上卦が震なれば下卦も震といふ如くに上下皆同じ卦にして他の卦を雜へざるが故に、純卦といふなり。各々《おのおの》所屬《しよぞく》の七卦《くわ》を有《いう》して、其《そ》の宮《きう》の首卦《しゆくわ》と爲《な》る、而《しか》して所屬《しよぞく》の七卦《くわ》は、首卦《しゆくわ》が初爻《しよかう》より一爻《かう》づゝ變《へん》じて生《しやう》ずるのである。例《たと》へば、乾《けん》の初爻《しよかう》が變《へん》じて天風姤《てんぷうこう》を生《しやう》じ、二爻《かう》が變《へん》じて天山遯《てんざんとん》を生《しやう》じ、三爻《かう》が變《へん》じて天地否《てんちひ》を生《しやう》ずる、の類《るゐ》なり。且《か》つ此《こ》の所屬《しよぞく》の七卦《くわ》は、首卦《しゆくわ》と其《そ》の性《せい》水火木金土の五行をいふ。を同《おな》じくし、乾《けん》、兌《だ》は金《かね》ゆゑに其《そ》の宮《きう》の諸卦《しよくわ》は皆金《みなかね》、坤艮《こんごん》は土《つち》ゆゑに其《そ》の宮《きう》の諸卦《しよくわ》は皆土《みなつち》、震巽《しんそん》は木《き》ゆゑに其《そ》の宮《きう》の諸卦《しよくわ》は皆木《みなき》、坎《かん》は水《みづ》ゆゑに坎宮《かんきう》の諸卦《しよくわ》は皆水《みなみづ》、離《り》は火《ひ》ゆゑに離宮《りきう》の諸卦《しよくわ》は皆火《みなひ》である。此《か》くて六十四卦皆《くわみな》五行中《ぎやうちう》の孰《いづ》れかであることが分《わ》かる。今是《いまこれ》を表《へう》にあらはすときは左《さ》の如《ごと》し。

乾——上爻《じやうかう》を世爻《せかう》と爲《な》す。又《また》八純卦皆上爻《じゆんくわみなじやうかう》は不變《ふへん》である。

乾	姤 一世	遯 二世	否 三世	觀 四世	剝 五世	晉 遊魂	大有 歸魂
坤	復 一世	臨 二世	泰 三世	大壯 四世	夬 五世	需 遊魂	比 歸魂
震	豫 一世	解 二世	恒 世	升 四世	井 五世	大過 遊魂	隨 歸魂

巽	小畜 一世	家人 二世	益 三世	无妄 四世	噬嗑 五世	頤 遊魂	蠱 歸魂
坎	節 一世	屯 二世	既濟 三世	革 四世	豐 五世	明夷 遊魂	師 歸魂
離	旅 一世	鼎 二世	未濟 三世	蒙 四世	渙 五世	訟 遊魂	同人 歸魂
艮	賁 一世	大畜 二世	損 三世	睽 四世	履 五世	中孚 遊魂	漸 歸魂
兌	困 一世	萃 二世	咸 三世	蹇 四世	謙 五世	小過 遊魂	歸妹 歸魂

八純卦《じゆんくわ》は上爻《じやうかう》を以《もつ》て世爻《せかう》と爲《な》し、上爻《じやうかう》と相應《あひおう》ずる故《ゆゑ》に、三爻《かう》を以《もつ》て應爻《おうかう》と爲《な》す。其《そ》

の他《た》は、八宮《きう》孰《いづ》れも一世卦《せいくわ》は、初爻《しよかう》を以《もつ》て世爻《せいかう》と爲《な》し、四爻《かう》を以《もつ》て應爻《おうかう》と爲《な》す。二世《せい》卦《くわ》は、二爻《かう》を以《もつ》て世爻《せいかう》と爲《な》し、五爻《かう》を以《もつ》て應爻《おうかう》と爲《な》す。三世卦《せいくわ》は、三爻《かう》を以《もつ》て世爻《せいかう》と爲《な》し、上爻《じやうかう》を以《もつ》て應爻《おうかう》と爲《な》す。四世卦《せいくわ》は、四爻《かう》を以《もつ》て世爻《せいかう》と爲《な》し、初爻《しよかう》を以《もつ》て應爻《おうかう》と爲《な》す、又《また》五世卦《せいくわ》は、五爻《かう》を以《もつ》て世爻《せいかう》と爲《な》し、二爻《かう》を以《もつ》て應爻《おうかう》と爲《な》す。

又遊魂《またいうこん》、及《およ》び歸魂《きこん》なるものあり。是《こ》れは何《なん》であるかと尋《たづ》ぬるに、前《まへ》にも記《しる》した通《とほ》り、たとへば、乾《けん》の卦《くわ》に就《つい》て言《い》へば、乾《けん》の初爻《しよかう》が變《へん》ずれば姤《こう》となり、二爻《かう》が變《へん》ずれば遯《とん》となり、三爻《かう》が變《へん》ずれば否《ひ》となり、四爻《かう》が變《へん》ずれば觀《くわん》となり、五爻《かう》が變《へん》ずれば剝《はく》となる。さて次《つぎ》に上爻《じやうかう》が變《へん》ずべき筈《はず》なれども、上爻《じやうかう》が變《へん》ずれば坤《こん》となりて、全《まつた》く乾《けん》の性《せい》を失《うしな》ふ故《ゆゑ》に、上爻《じやうかう》は決《けつ》して變《へん》ずることなく、上爻《じやうかう》より四爻《かう》に返《かへ》りて上卦《じやうくわ》は離《り》となる。則《すなは》ち明《めい》、地上《ちじやう》に出《い》で、陽道復《やうだうま》た行《おこな》はる、而《しか》して遊魂《いうこん》の卦《くわ》乾で言へば晋の卦を生《しやう》ず。之《こ》れより三爻、二爻《かう》、初爻《しよかう》と、乾體《けんたい》が下《した》に復《ふく》して歸魂《きこん》の卦《くわ》乾で言へば大有の卦を生《しやう》ずるのである。

又坤《またこん》の卦《くわ》に就《つい》て言《い》へば、坤《こん》の初爻《しよかう》が變《へん》ずれば復《ふく》となり、二爻《かう》が變《へん》ずれば臨《りん》となり、三爻《かう》が變《へん》ずれば泰《たい》となり、四爻《かう》が變《へん》ずれば大壯《たいさう》となり、五爻《かう》が變《へん》ずれば夬《くわい》となる。さて其《そ》の次《つぎ》に上爻《じやうかう》が變《へん》ずべき筈《はず》なれども、かくては全《まつた》く乾《けん》となりて、全《まつた》く坤《こん》の性《せい》を失《うしな》ふに依《よ》り、上爻《じやうかう》は一切《いつさい》變《へん》ずることなく、上爻《じやうかう》より四爻《かう》に返《かへ》りて上卦《じやうくわ》は坎《かん》となる。則《すなは》ち雲《くも》、天《てん》に上《のぼ》りて陰道《いんだう》復《ま》た行《おこな》はる。而《しか》して遊魂《いうこん》の卦《くわ》坤で言へば需の卦を生《しやう》ず。それより三爻《かう》、二爻《かう》、初爻《しよかう》と、坤體《こんたい》が下《しも》に復《ふく》して歸魂《きこん》の卦《くわ》坤で言へば比の卦を生《しやう》ずるのである。此《こ》の外《ほか》、震巽以下《しんそんいか》の六卦《くわ》も推《お》して知《し》るべし。

【遊魂《いうこん》の卦《くわ》は、すべて四爻《かう》を世爻《せいかう》と爲《な》し、初爻《しよかう》を應爻《おうかう》と爲《な》す。歸魂《きこん》の卦《くわ》は、三爻《かう》を世爻《せいかう》となし、上爻《じやうかう》を應爻《おうかう》となす、〇世爻《せいかう》、應爻《おうかう》の事《こと》、幷《ならび》に卦身《くわしん》の事《こと》は、後《のち》に解《と》くべし。】

第九章　納甲

十干《かん》に於《おい》ては、甲《きのえ》丙《ひのえ》戊《つちのえ》庚《かのえ》壬《みづのえ》を陽《やう》とし、乙《きのと》丁《ひのと》己《つちのと》辛《かのと》癸《みづのと》を陰《いん》とす。

十二支《し》に於《おい》ては、子《ね》寅《とら》辰《たつ》午《うま》申《さる》戌《いぬ》を陽《やう》とし、丑《うし》卯《う》巳《み》未《ひつじ》酉《とり》亥《ゐ》を陰《いん》とす。

八卦《くわ》に於《おい》ては乾《けん》震《しん》坎《かん》艮《ごん》を陽《やう》とし、坤《こん》巽《そん》離《り》兌《だ》を陰《いん》とす。

それゆゑ乾《けん》の卦《くわ》に於《おい》ては、十干《かん》陽日《やうじつ》の始《はじめ》たる甲《きのえ》を初《しよ》二三の三爻《かう》とし、十干《かん》陽日《やうじつ》の終《をはり》たる壬《みづのえ》を四五上《じやう》の三爻《かう》とす。又《また》十二支《し》の陽辰《やうしん》たる子《ね》寅《とら》辰《たつ》午《うま》申《さる》戌《いぬ》を初爻《しよかう》より上爻《じやうかう》迄《まで》の六爻《かう》にそれ〴〵配當《はいたう》す。故《ゆゑ》に乾《けん》の初《しよ》九は甲子《きのえね》子は水なりにして、九二は甲寅《きのえとら》寅は木なり九三は甲《きのえ》辰《たつ》土 九四は壬午《みづのえうま》火 九五は壬申《みづのえさる》金 上《じやう》九は壬戌《みづのえいぬ》土である。

震《しん》は乾《けん》の長子《ちやうし》ゆゑ、乾《けん》と同《おな》じく、十二支《し》の陽辰《やうしん》たる子《ね》寅《とら》辰《たつ》午《うま》申《さる》戌《いぬ》を初爻《しよかう》より上爻《じやうかう》迄《まで》の六爻《かう》にそれ〴〵配當《はいたう》すれども、十干《かん》は、乾《けん》の甲《きのえ》と相對《あひたい》する庚《かのえ》を以《もつ》て六爻《かう》を一貫《くわん》す。

故《ゆゑ》に震《しん》の初《しよ》九は庚子《かのえね》水にして、六二は庚寅《かのえとら》木 六三は庚辰《かのえたつ》土 九四は庚午《かのえうま》火 六五は庚申《かのえさる》金 上《じやう》六は庚戌《かのえいぬ》土である。

坎《かん》は乾《けん》の中男《ちうなん》ゆゑ、十干《かん》は中辰《ちうしん》を用《もち》ゐて、終始《しうし》皆《みな》戊《つちのえ》とし、十二支《し》は、陽日中《やうじつちう》の子《ね》を跡廻《あとまは》はしにして、其《そ》の次《つぎ》の寅《とら》を初爻《しよかう》とし、寅辰午申戌子《とらたつうまさるいぬね》と數《かぞ》ふ。それゆゑ坎《かん》の初《しよ》六は戊寅《つちのえとら》木にして、九二は戊辰《つちのえたつ》土六三は戊午《つちのえうま》火六四は戊申《つちのえさる》金九五は戊戌《つちのえいぬ》土上《じやう》六は戊子《つちのえね》水である。

艮《ごん》は乾《けん》の少男《せうなん》ゆゑ、十干《かん》は乾《けん》の上爻《じやうかう》なる壬《みづのえ》と相對《あひたい》する丙《ひのえ》を以《もつ》て六爻《かう》を一貫《くわん》し、又《また》十二支《し》は、陽日中《やうじつちう》の子寅《ねとら》を跡廻《あとまは》はしにして、其《そ》の次《つぎ》の辰《たつ》を初爻《しよかう》とし、辰午申戌子寅《たつうまさるいぬねとら》と數《かぞ》ふ。さるに依《よつ》て艮《ごん》の初《しよ》六は丙辰《ひのえたつ》土にして、六二は丙午《ひのえうま》火九三は丙申《ひのえさる》金六四は丙戌《ひのえいぬ》土六五は丙子《ひのえね》水上九《じやう》は丙寅《ひのえとら》木である。

又坤《またこん》の卦《くわ》に於《おい》ては、十干陰日《かんいんじつ》の始《はじめ》たる乙《きのと》を初《しよ》二三の三爻《かう》とし、十干陰日《かんいんじつ》の終《をはり》たる癸《みづのと》を四五上《じやう》の三爻《がう》とす。且《か》つ鄭康成《ていかうせい》の周易爻辰圖《しうえきかうしんづ》に據《よ》ると、坤《こん》の初爻《しよかう》は未《ひつじ》に在《あ》り。而《しか》してそれより跡《あと》へ數《かぞ》へて、未巳卯丑亥酉《ひつじみうしゐとり》と順序《じゆんじよ》を立《た》つる故《ゆゑ》に、これは陰の持前なり 初《しよ》六は乙《きのと》未《ひつじ》土にして、六二は乙巳《きのとみ》火六三は乙卯《きのとう》木六四は癸丑《みづのとうし》土六五は癸亥《みづのとゐ》水上《じやう》六は癸酉《みづのととり》金である。

巽《そん》は長女《ちやうぢよ》ゆゑ、坤《こん》の初《しよ》六なる乙《きのと》と相對《あひたい》する辛《かのと》を以《もつ》て六爻《かう》を一貫《くわん》し、而《そ》して坤《こん》の上卦《じやうくわ》三爻《かう》四五上なる丑亥《うしゐ》酉《とり》を以《もつ》て下卦《かくわ》三爻《かう》初二三とし、又坤《またこん》の下卦《かくわ》三爻《かう》なる未巳卯《ひつじみう》を以《もつ》て上卦《じやうくわ》三爻《かう》とす。それゆゑ初《しよ》六は辛丑《かのとうし》土にして、九二は辛亥《かのとゐ》水 九三は辛酉《かのととり》金 六四は辛未《かのとひつじ》土 九五は辛巳《かのとみ》火 上《じやう》九は辛卯《かのとう》木である。

離《り》は中女《ちうぢよ》ゆゑ、十干《かん》は中辰《ちうしん》を用《もち》ゐて、終始《しうし》皆《みな》己《つちのと》とし、十二支《し》は、巽《そん》の上爻《じやうかう》たる卯《う》を初爻《しよかう》へ持來《もちきた》りて、卯《う》丑亥《うしゐ》酉《とり》未《ひつじ》巳《み》と數《かぞ》ふ。それゆゑ初《しよ》九は己卯《つちのとう》木にして、六二は己《つちのと》丑《うし》土 九三は己亥《つちのとゐ》水 九四は己酉《つちのととり》金 六五は己未《つちのとひつじ》土 上《じやう》九は己巳《つちのとみ》火である。

兌《だ》は少女《せうぢよ》ゆゑ、十干《かん》は、坤《こん》の上爻《じやうかう》なる癸《みづのと》と相對《あひたい》する丁《ひのと》を以《もつ》て六爻《かう》を一貫《くわん》し、又《また》十二支《し》は、離《り》の上爻《じやうかう》たる巳《み》を初爻《しよかう》へ持來《もちきた》りて、巳《み》卯《う》丑亥《うしゐ》酉《とり》未《ひつじ》と數《かぞ》ふ。故《ゆゑ》に初《しよ》九は丁巳《ひのとみ》火にして、九二は丁卯《ひのとう》木 六三は丁丑《ひのとうし》土 九四は丁亥《ひのとゐ》水 九五は丁酉《ひのととり》金 上《じやう》六は丁未《ひのとひつじ》土である。

今左《いまさ》に表《へう》を掲《なゝ》げて之《これ》を示《しめ》さん。

乾 金

	上	五	四	三	二	初
	上九 土壬戌	九五 金壬申	九四 火壬午	九三 土甲辰	九二 木甲寅	初九 水甲子
震木	上六 土庚戌	六五 金庚申	九四 火庚午	六三 土庚辰	六二 木庚寅	初九 水庚子
坎水	上六 水戊子	九五 土戊戌	六四 金戊申	六三 火戊午	九二 土戊辰	初六 木戊寅
艮土	上九 木丙寅	六五 水丙子	六四 土丙戌	九三 金丙申	六二 火丙午	初六 土丙辰
坤土	上六 金癸酉	六五 水癸亥	六四 土癸丑	六三 木乙卯	六二 火乙巳	初六 土乙未
巽木	上九 木辛卯	九五 火辛巳	六四 土辛未	九三 金辛酉	九二 水辛亥	初六 土辛丑

離火

上九 火己巳	六五 土己未	九四 金己酉	九三 水己亥	六二 土己丑	初九 木己卯

兌 金

上六 土丁未	九五 金丁酉	九四 水丁亥	六三 土丁丑	九二 木丁卯	初九 火丁巳

右《みぎ》の表《へう》に據《よ》るに、乾《けん》は金《きん》にして其初九《そのしよ》は甲子水《きのえねみづ》なれば、金生水《きんせいすゐ》より見《み》て、初九《しよ》は子《し》孫《そん》である。又《また》九二は甲寅木《きのえとらき》なれば、妻財《さいざい》である。又《また》九三は甲辰土《きのえたつつち》ゆゑ父母《ふぼ》。九四は壬午《みづのえうま》火《ひ》ゆゑ官鬼《くわんき》。九五は壬申金《みづのえさるきん》ゆゑ兄弟《きやうだい》。上九は壬戌土《みづのえいぬつち》ゆゑ父母《ふぼ》である。他《た》は推《お》して知《しる》べし。但乾下坤上《たゞしけんかこんじやう》の卦《くわ》なれば、下卦《かくわ》は乾《けん》の下卦《かくわ》の如《ごと》くし、上卦《じやうくわ》は坤《こん》の上卦《じやうくわ》の如《ごと》くすべし。又震下巽上《またしんかそんじやう》の卦《くわ》なれば、下卦《かくわ》は震《しん》の下卦《かくわ》の如《ごと》くし、上卦《じやうくわ》は巽《そん》の上卦《じやうくわ》の如《ごと》くすべし。他《た》は之《これ》に倣《なら》へ。

干支、五行、五親を六十四卦に應用したる表

乾 金	姤 金	遯 金	否 金
上九 壬戌 土 世 父母	上九 壬戌 土 父母	上九 壬戌 土 父母	上九 壬戌 土 應 父母
九五 壬申 金 兄弟	九五 壬申 金 兄弟	九五 壬申 金 應 兄弟	九五 壬申 金 兄弟
九四 壬午 火 官鬼	九四 壬午 火 應 官鬼	九四 壬午 火 官鬼	九四 壬午 火 官鬼
九三 甲辰 土 應 父母	九三 辛酉 金 兄弟	九三 丙申 金 兄弟	六三 乙卯 木 世 妻財
九二 甲寅 木 妻財	九二 辛亥 水 子孫	六二 丙午 火 世 官鬼	六二 乙巳 火 官鬼
初九 甲子 水 子孫	初六 辛丑 土 世 父母	初六 丙辰 土 父母	初六 乙未 土 父母

觀　金

爻	納甲	五行	世應	六親
上九	辛卯	木		妻財
九五	辛巳	火		官鬼
六四	辛未	土	世	父母
六三	乙卯	木		妻財
六二	乙巳	火		官鬼
初六	乙未	土	應	父母

剝　金

爻	納甲	五行	世應	六親
上九	丙寅	木		妻財
六五	丙子	水	世	子孫
六四	丙戌	土		父母
六三	乙卯	木		妻財
六二	乙巳	火	應	官鬼
初六	乙未	土		父母

晉　金

爻	納甲	五行	世應	六親
上九	己巳	火		官鬼
六五	己未	土		父母
九四	己酉	金	世	兄弟
六三	乙卯	木		妻財
六二	乙巳	火		官鬼
初六	乙未	土	應	父母

大有　金

爻	納甲	五行	世應	六親
上九	己巳	火	應	官鬼
六五	己未	土		父母
九四	己酉	金		兄弟
九三	甲辰	土	世	父母
九二	甲寅	木		妻財
初九	甲子	水		子孫

●震 木

爻	干支	五行	世應	六親
上六	庚戌	土○	世	妻財
六五	庚申	金		官鬼
九四	庚午	火		子孫
六三	庚辰	土	應	妻財
六二	庚寅	木		兄弟
初九	庚子	水		父母

豫 木

爻	干支	五行	世應	六親
上六	庚戌	土		妻財
六五	庚申	金		官鬼
九四	庚午	火	應	子孫
六三	乙卯	木		兄弟
六二	乙巳	火		子孫
初六	乙未	土○	世	妻財

解 木

爻	干支	五行	世應	六親
上六	庚戌	土		妻財
六五	庚申	金	應	官鬼
九四	庚午	火		子孫
六三	戊午	火		子孫
九二	戊辰	土○	世	妻財
初六	戊寅	木		兄弟

恒 木

爻	干支	五行	世應	六親
上六	庚戌	土○	應	妻財
六五	庚申	金		官鬼
九四	庚午	火		子孫
九三	辛酉	金○	世	官鬼
九二	辛亥	水		父母
初六	辛丑	土		妻財

升 木

爻	干支	五行	世應	六親
上六	癸酉	金		官鬼
六五	癸亥	水		父母
六四	癸丑	土○	世	妻財
九三	辛酉	金		官鬼
九二	辛亥	水		父母
初六	辛丑	土		妻財

井 木

爻	干支	五行	世應	六親
上六	戊子	水		父母
九五	戊戌	土○	世	妻財
六四	戊申	金		官鬼
九三	辛酉	金		官鬼
九二	辛亥	水	應	父母
初六	辛丑	土○	應	妻財

大過 金

爻	干支	五行	世應	六親
上六	丁未	土		妻財
九五	丁酉	金		官鬼
九四	丁亥	水○	世	父母
九三	辛酉	金		官鬼
九二	辛亥	水		父母
初六	辛丑	土○	應	妻財

隨 金

爻	干支	五行	世應	六親
上六	丁未	土○	應	妻財
九五	丁酉	金		官鬼
九四	丁亥	水		父母
六三	庚辰	土○	世	妻財
六二	庚寅	木		兄弟
初九	庚子	水		父母

●坎 水

上六	戊子	水	世	兄弟
九五	戊戌	土		官鬼
六四	戊申	金		父母
六三	戊午	火	應	妻財
九二	戊辰	土		官鬼
初六	戊寅	木		子孫

節 水

上六	戊子	水		兄弟
九五	戊戌	土		官鬼
六四	戊申	金	應	父母
六三	丁丑	土		官鬼
九二	丁卯	木		子孫
初九	丁巳	火	世	妻財

屯 水

上六	戊子	水		兄弟
九五	戊戌	土	應	官鬼
六四	戊申	金		父母
六三	庚辰	土		官鬼
六二	庚寅	木	世	子孫
初九	庚子	水		兄弟

既濟 水

上六	戊子	水	應	兄弟
九五	戊戌	土		官鬼
六四	戊申	金		父母
九三	己亥	水	世	兄弟
六二	己丑	土		官鬼
初九	己卯	木		子孫

上六	官鬼	土	丁未	
九五	父母	金	丁酉	
九四	兄弟	水。	丁亥	世
九三	兄弟	水	己亥	
六二	官鬼	土	己丑	
初九	子孫	木。	己卯	應

豐 水

上六	官鬼	土	庚戌	
六五	父母	金	庚申	世
九四	妻財	火	庚午	
九三	兄弟	水	己亥	
六二	官鬼	土。	己丑	應
初九	子孫	木	己卯	

明夷 水

上六	父母	金	癸酉	
六五	兄弟	水	癸亥	
六四	官鬼	土。	癸丑	世
九三	兄弟	水	己亥	
六二	官鬼	土	己丑	
初九	子孫	木。	己卯	應

師 水

上六	父母	金。	癸酉	應
六五	兄弟	水	癸亥	
六四	官鬼	土	癸丑	
六三	妻財	火。	戊午	世
九二	官鬼	土	戊辰	
初六	子孫	木	戊寅	

●艮土

爻	干支	五行	世應	六親
上九	丙寅	木	世	官鬼
六五	丙子	水		妻財
六四	丙戌	土		兄弟
九三	丙申	金	應	子孫
六二	丙午	火		子孫
初六	丙辰	土		兄弟

賁土

爻	干支	五行	世應	六親
上九	丙寅	木		官鬼
六五	丙子	水		妻財
六四	丙戌	土	應	兄弟
九三	己亥	水		妻財
六二	己丑	土		兄弟
初九	己卯	木	世	官鬼

大畜土

爻	干支	五行	世應	六親
上九	丙寅	木		官鬼
六五	丙子	水	應	妻財
六四	丙戌	土		兄弟
九三	甲辰	土		兄弟
九二	甲寅	木	世	官鬼
初九	甲子	水		妻財

損土

爻	干支	五行	世應	六親
上九	丙寅	木	應	官鬼
六五	丙子	水		妻財
六四	丙戌	土		兄弟
六三	丁丑	土	世	兄弟
九二	丁卯	木		官鬼
初九	丁巳	火		父母

睽土

爻	干支	五行	世應	六親
上九	己巳	火		父母
六五	己未	土		兄弟
九四	己酉	金	世	子孫
六三	丁丑	土		兄弟
九二	丁卯	木		官鬼
初九	丁巳	火	應	父母

履土

爻	干支	五行	世應	六親
上九	壬戌	土		兄弟
九五	壬申	金	世	子孫
九四	壬午	火		父母
六三	丁丑	土		兄弟
九二	丁卯	木	應	官鬼
初九	丁巳	火		父母

中孚土

爻	干支	五行	世應	六親
上九	辛卯	木		官鬼
九五	辛巳	火		父母
六四	辛未	土	世	兄弟
六三	丁丑	土		兄弟
九二	丁卯	木		官鬼
初九	丁巳	火	應	父母

漸土

爻	干支	五行	世應	六親
上九	辛卯	木	應	官鬼
九五	辛巳	火		父母
六四	辛未	土		兄弟
九三	丙申	金	世	子孫
六二	丙午	火		父母
初六	丙辰	土		兄弟

● 坤 土

上六	癸酉	金 世	子孫
六五	癸亥	水	妻財
六四	癸丑	土	兄弟
六三	乙卯	木 應	官鬼
六二	乙巳	火	父母
初六	乙未	土	兄弟

復 土

上六	癸酉	金	子孫
六五	癸亥	水	妻財
六四	癸丑	土 應	兄弟
六三	庚辰	土	兄弟
六二	庚寅	木	官鬼
初九	庚子	水 世	妻財

臨 土

上六	癸酉	金	子孫
六五	癸亥	水 應	妻財
六四	癸丑	土	兄弟
六三	丁丑	土	兄弟
九二	丁卯	木 世	官鬼
初九	丁巳	火	父母

泰 土

上六	癸酉	金 應	子孫
六五	癸亥	水	妻財
六四	癸丑	土	兄弟
九三	甲辰	土 世	兄弟
九二	甲寅	木	官鬼
初九	甲子	水	妻財

大壯土	夬土	需土	比土
上六 庚戌 土 兄弟	上六 丁未 土 兄弟	上六 戊子 水 妻財	上六 戊子 水應 妻財
六五 庚申 金 子孫	九五 丁酉 金。世 子孫	九五 戊戌 土 兄弟	九五 戊戌 土 兄弟
九四 庚午 火。世 父母	九四 丁亥 水 妻財	六四 戊申 金世 子孫	六四 戊申 金 子孫
九三 甲辰 土 兄弟	九三 甲辰 土 兄弟	九三 甲辰 土 兄弟	六三 乙卯 木。世 官鬼
九二 甲寅 木 官鬼	九二 甲寅 木。應 官鬼	九二 甲寅 木 官鬼	六二 乙巳 火 父母
初九 甲子 水。應 妻財	初九 甲子 水 妻財	初九 甲子 水。應 妻財	初六 乙未 土 兄弟

●巽 木

上九	辛卯	木	世	兄弟
九五	辛巳	火		子孫
六四	辛未	土		妻財
九三	辛酉	金	應	官鬼
九二	辛亥	水		父母
初六	辛丑	土		妻財

小畜 木

上九	辛卯	木		兄弟
九五	辛巳	火		子孫
六四	辛未	土	應	妻財
九三	甲辰	土		妻財
九二	甲寅	木		兄弟
初九	甲子	水	世	父母

家人 木

上九	辛卯	木		兄弟
九五	辛巳	火	應	子孫
六四	辛未	土		妻財
九三	己亥	水		父母
六二	己丑	土	世	妻財
初九	己卯	木		兄弟

益 木

上九	辛卯	木	應	兄弟
九五	辛巳	火		子孫
六四	辛未	土		妻財
六三	庚辰	土	世	妻財
六二	庚寅	木		兄弟
初九	庚子	水		父母

无妄　木

上九	壬戌	土	妻財
九五	壬申	金	官鬼
九四	壬午	火　世	子孫
六三	庚辰	土	妻財
六二	庚寅	木	兄弟
初九	庚子	水　應	父母

噬嗑　木

上九	己巳	火	子孫
六五	己未	土　世	妻財
九四	己酉	金	官鬼
六三	庚辰	土	妻財
六二	庚寅	木　應	兄弟
初九	庚子	水	父母

頤　木

上九	丙寅	木	兄弟
六五	丙子	水	父母
六四	丙戌	土　世	妻財
六三	庚辰	土	妻財
六二	庚寅	木	兄弟
初九	庚子	水　應	父母

蠱　木

上九	丙寅	木　應	兄弟
六五	丙子	水	父母
六四	丙戌	土	妻財
九三	辛酉	金　世	官鬼
九二	辛亥	水	父母
初六	辛丑	土	妻財

● 離 火

上九	己巳	火	世	兄弟
六五	己未	土		子孫
九四	己酉	金		妻財
九三	己亥	水	應	官鬼
六二	己丑	土		子孫
初九	己卯	木		父母

旅 火

上九	己巳	火		兄弟
六五	己未	土		子孫
九四	己酉	金	應	妻財
九三	丙申	金		妻財
六二	丙午	火		兄弟
初六	丙辰	土	世	子孫

鼎 火

上九	己巳	火		兄弟
六五	己未	土	應	子孫
九四	己酉	金		妻財
九三	辛酉	金		妻財
九二	辛亥	水	世	官鬼
初六	辛丑	土		子孫

未濟 火

上九	己巳	火	應	兄弟
六五	己未	土		子孫
九四	己酉	金		妻財
六三	戊午	火	世	兄弟
九二	戊辰	土		子孫
初六	戊寅	木		父母

蒙 火

爻	干支	五行	世應	六親
上九	丙寅	木		父母
六五	丙子	水		官鬼
六四	丙戌	土	世	子孫
六三	戊午	火		兄弟
九二	戊辰	土		子孫
初六	戊寅	木	應	父母

渙 火

爻	干支	五行	世應	六親
上九	辛卯	木		父母
九五	辛巳	火	世	兄弟
六四	辛未	土		子孫
六三	戊午	火		兄弟
九二	戊辰	土	應	子孫
初六	戊寅	木		父母

訟 火

爻	干支	五行	世應	六親
上九	壬戌	土		子孫
九五	壬申	金		妻財
九四	壬午	火	世	兄弟
六三	戊午	火		兄弟
九二	戊辰	土		子孫
初六	戊寅	木	應	父母

同人 火

爻	干支	五行	世應	六親
上九	壬戌	土	應	子孫
九五	壬申	金		妻財
九四	壬午	火		兄弟
九三	己亥	水	世	官鬼
六二	己丑	土		子孫
初九	己卯	木		父母

● 兌 金

上六	丁未	土○世	父母
九五	丁酉	金	兄弟
九四	丁亥	水	子孫
六三	丁丑	土應	父母
九二	丁卯	水	妻財
初九	丁巳	火	官鬼

困 金

上六	丁未	土	父母
九五	丁酉	金	兄弟
九四	丁亥	水○應	子孫
六三	戊午	火	官鬼
九二	戊辰	土	父母
初六	戊寅	木○世	妻財

萃 金

上六	丁未	土	父母
九五	丁酉	金應	兄弟
九四	丁亥	水	子孫
六三	乙卯	木	妻財
六二	乙巳	火○世	官鬼
初六	乙未	土	父母

咸 金

上六	丁未	土○應	父母
九五	丁酉	金	兄弟
九四	丁亥	水	子孫
九三	丙申	金○世	兄弟
六二	丙午	火	官鬼
初六	丙辰	土	父母

蹇 金

爻	干支	五行	世應	六親
上六	戊子	水		子孫
九五	戊戌	土		父母
六四	戊申	金	世	兄弟
九三	丙申	金		兄弟
六二	丙午	火		官鬼
初六	丙辰	土	應	父母

謙 金

爻	干支	五行	世應	六親
上六	癸酉	金		兄弟
六五	癸亥	水	世	子孫
六四	癸丑	土		父母
九三	丙申	金		兄弟
六二	丙午	火	應	官鬼
初六	丙辰	土		父母

小過 金

爻	干支	五行	世應	六親
上六	庚戌	土		父母
六五	庚申	金		兄弟
九四	庚午	火	世	官鬼
九三	丙申	金		兄弟
六二	丙午	火		官鬼
初六	丙辰	土	應	父母

歸妹 金

爻	干支	五行	世應	六親
上六	庚戌	土	應	父母
六五	庚申	金		兄弟
九四	庚午	火		官鬼
六三	丁丑	土	世	父母
九二	丁卯	木		妻財
初九	丁巳	火		官鬼

以上《いじやう》六十四卦《くわ》の中《うち》、八純卦《じゆんくわ》は、孰《いづ》れも其《そ》の宮《きう》の首卦《しゆくわ》として、五親《しん》を悉《ことごと》く具《そな》へ有《いう》すれども、その他《た》の五十六卦《くわ》の中《うち》には、往々《わう〳〵》五親中《しんちう》の一二を缺《か》くものあり。それゆゑ必要《ひつえう》の場合《ばあひ》には、首卦中《しゆくわちう》より尋《たづ》ね求《もと》めて本卦《ほんくわ》の第何爻《だいなんかう》には伏在《ふくざい》するを知《し》るべし。例《たと》へば、天風姤《てんふうこう》の卦《くわ》を觀《み》るに、

上九 父母　九五 兄弟　九四 官鬼　九三 兄弟　九二 子孫　初六 父母

にして、卦中《くわちう》に妻財爻《さいざいかう》を缺《か》く。依《よつ》て之《これ》を同宮《どうきう》の首卦《しゆくわ》たる乾《けん》の卦《くわ》に求《もと》むるに、その九二甲寅木《きのえとらき》は妻財爻《さいざいかう》である。是《こゝ》に於《おい》て天風姤第《てんふうこうだい》二爻《かう》亥《ゐ》水《みづ》の下《した》に、乾卦第《けんのくわだい》二爻寅木《かうとらき》が伏在《ふくざい》するを知《し》る、此《こ》の場合《ばあひ》に於《おい》て、亥《ゐ》水《みづ》 天風始九二 を飛神《ひしん》と稱《とな》へ、乾卦九二 寅木を伏神《ふくしん》と稱《とな》ふ。

第十章　六甲空亡

又六甲旬空《またりくかふじゆんくう》ともいふ。史記龜策傳《しききさくでん》の裴駰注《はいあんちう》には六甲孤虚法《りくかふこきよはふ》とあり。如何《いかん》なものかと

尋《たづ》ぬるに、卜筮正宗《ぼくぜいせいそう》書名に據《よ》れば、

『甲子旬中《きのえねじゆんちう》には戌亥空《いぬゐむな》し。甲寅旬中《きのえとらじゆんちう》には子丑空《ねうしむな》し。甲辰旬中《きのえたつじゆんちう》には寅卯空《とらうむな》し。甲午《きのえうま》旬中《じゆんちう》には辰巳空《たつみむな》し。甲申旬中《きのえさるじゆんちう》には午未空《うまひつじむな》し。甲戌旬中《きのえいぬじゆんちう》には申酉空《さるとりむな》し。たとへば甲《きのえ》子《ね》の日《ひ》より癸酉《みづのととり》に至《いた》る迄《まで》の十日《か》を一旬《じゆん》と爲《な》す」旬内《じゆんない》には戌亥《いぬゐ》なし。故《ゆゑ》に戌亥空《いぬゐむな》しといふ。又甲寅《またきのえとら》の日《ひ》より癸亥《みづのとゐ》に至《いた》る迄《まで》の旬内《じゆんない》には子丑《ねうし》なし。故《ゆゑ》に子丑空《ねうしむな》しといふ。餘旬《よじゆん》これに倣《なら》へ。』

とあり。空亡《くうばう》——即《すなは》ち旬空《じゆんくう》——は、元來凶《ぐわんらいきよう》なれども、一概《がい》に凶《きよう》とのみは言《い》ふべからず。

(一)用爻《ようかう》第十四章以下に委しを剋《こく》する爻《かう》が空亡《くうばう》するは吉《きち》なり。

(二)用爻《ようかう》の空亡《くうばう》するは凶《きよう》なり。

(三)用爻《ようかう》が若《も》し旺《わう》次の第十一章に載すなれば、たとひ空亡《くうばう》するとも、凶《きよう》とのみは言《い》ひ難《かた》し。

(四)さりながら若《も》し夏日甲戌《かじつきのえいぬ》の旬中《じゆんちう》に占《うらな》ひて申《さる》か酉《とり》の爻《かう》を得《う》るときは、則《すなは》ちいとゞ空亡《くうばう》である上《うへ》に。夏《なつ》は火《ひ》なり。申《さる》も酉《とり》も金《かね》に屬《ぞく》し、火《ひ》の爲《た》めに剋《こく》せらるを以《もつ》て、これらを稱《しよう》して眞空《しんくう》といふ。
【猶詳細《なほしようさい》の事《こと》は、第《だい》二篇《へん》に至《いた》りて知《し》るべし】

第十一章　旺相

旺相休囚死《わうしやうきうしうし》といふ事《こと》あり。旺《わう》は盛《さかん》なる義《ぎ》、又王《またわう》の義《ぎ》ともなる、相《しやう》はたすくる義《ぎ》、又《また》宰相《さいしやう》の義《ぎ》ともなる。休《きう》は功成《こうな》りて退《しりぞ》き、休息《きうそく》する義《ぎ》。囚《しう》は旺《わう》を剋《こく》する義《ぎ》、即《すなは》ち旺《わう》を囚《とら》へ得《う》る義《ぎ》。死《し》は旺《わう》に剋《こく》せらるゝ義《ぎ》。即《すなは》ちころさるゝ義《ぎ》なり。

	旺	相	休	囚	死
春	木	火	水	金	土
夏	火	土	木	水	金
四季	土	金	火	木	水

秋――金　水　土　火　木

冬――水　木　金　土　火

乃《すなは》ち木《き》は春《はる》さかんにして、夏《なつ》に於《おい》ては功《こう》を竣《お》へて休息《きうそく》し、四季《き》に於《おい》ては旺《わう》を囚《いう》へ得《う》べき力《ちから》あり。秋《あき》に於《おい》ては、旺《わう》に尅《こく》せられ、冬《ふゆ》に於《おい》ては、旺《わう》を相《たす》け、軈《やが》て春《はる》に至《いた》りて、さかんになるべき力《ちから》を有《いう》するのである。

火《ひ》は夏《なつ》さかんにして、四季《き》に於《おい》ては功《こう》を竣《お》へて休息《きうそく》し、秋《あき》に於《おい》ては旺《わう》を囚《いう》へ得《う》べき力《ちから》あり。冬《ふゆ》に於《おい》ては旺《わう》に尅《こく》せられ、春《はる》に於《おい》ては、旺《わう》を相《たす》け、軈《やが》て夏《なつ》に至《いた》りて、さかんになるべき力《ちから》を有《いう》するのである。

【土《ど》、金《きん》。水《すゐ》も亦《また》推《お》して知《し》るべし。】

第十二章　六神

六神《りくしん》は又《また》六獣《りくじう》ともいふ。青龍《せいりやう》、朱雀《しゆじやく》、勾陳《かうちん》、騰蛇《とうだ》、白虎《びやくこ》、玄武《げんぶ》是《これ》なり。青龍《せいりやう》は木《き》に屬《ぞく》し、朱雀《しゆじやく》は火《ひ》に屬《ぞく》し、勾陳《かうちん》及《およ》び騰蛇《とうだ》は土《つち》に屬《ぞく》し、白虎《びやくこ》は金《かね》に屬《ぞく》し、玄武《げんぶ》は水《みづ》に屬《ぞく》す。それゆゑ甲乙《かふおつ》の日《ひ》に占《うらな》ひ得《え》たる卦《くわ》は初爻《しよかう》を青龍《せいりやう》として、朱雀《しゆじやく》、勾陳《かうちん》、騰蛇《とうだ》、白虎《びやくこ》、玄武《げんぶ》と次第《しだい》に數《かぞ》へて上爻《じやうかう》に至《いた》る。又丙丁《またへいてい》の日《ひ》ならば、朱雀《しゆじやく》より數《かぞ》へ始《はじ》め、戊日《つちのえひ》は勾陳《かうちん》より數《かぞ》へ始《はじ》め、己日《つちのとひ》は騰蛇《とうだ》よりし、庚辛《かうしん》の日《ひ》は白虎《びやくこ》よりし、壬癸《じんき》の日《ひ》は玄武《げんぶ》よりす即《すなは》ち左表《さへう》の如《ごと》し。

	上爻	五爻	四爻	三爻	二爻	初爻
甲乙日	玄武	白虎	騰蛇	勾陳	朱雀	青龍
丙丁日	青龍	玄武	白虎	騰蛇	勾陳	朱雀

戊日	朱雀	青龍	玄武	白虎	騰蛇	勾陳
己日	勾陳	朱雀	青龍	玄武	白虎	騰蛇
庚辛日	騰蛇	勾陳	朱雀	青龍	玄武	白虎
壬亥日	白虎	騰蛇	勾陳	朱雀	青龍	玄武

第十三章　八卦象意

繋辭傳《けいじでん》下にも『易《えき》は象《しやう》なり』とあり。象《しやう》とは、ゑすがた、又《また》は、にせすがたの義《ぎ》、むづかしく言《い》へば形像《けいしやう》で、凡《すべ》て萬物《ばんぶつ》の形像《かたち》を卦面《くわめん》に寫《うつ》し、形像《かたち》を借《か》りて義理《ぎり》を其《そ》の中《うち》に寓《ぐう》したものが易《えき》である。形像《かたち》を捨《す》てゝ了《しま》へば易《えき》はなくなるのである。その代《か》はりに、此《こ》の易象《えきしやう》に明《あきら》かでさへあれば、易《えき》そのものをば、殆《ほと》んど十分《ぶん》に理會《りくわい》し得《え》られるのである。しかし易象《えきしやう》は多義《たぎ》にして輙《たやす》く理會《りくわい》し難《かた》きゆゑ、說卦傳《せつくわでん》に之《これ》を示《しめ》し、荀九家《じゆんかか》荀爽、京房、馬融、鄭玄、宋衷、虞翻、陸績、姚信、翟子玄の九大家をいふの逸象《いつしやう》、幷《ならび》に虞氏《ぐし》逸象《いつしやう》にも其《そ》の遺《お》ちたるを補《おぎな》ひてある。さりながら社會《しやくわい》の事物《じぶつ》は千態萬狀《たいばんじやう》にして、殊《こと》に星霜《としつき》と共《とも》にその數《すう》を加《くは》ふる故《ゆゑ》に、易象《えきしやう》を悉《ことごと》く網羅《まうら》して書中《しよちう》に記載《きさい》するといふ事《こと》は到底出來得《たうていできう》べきにあらず、されば本書《ほんしよ》に於《おい》ては、わづかに九牛《きう》が一毛《まう》を載《の》せ、他《た》は讀者《どくしや》の推考《すゐかう》に一任《にん》せんとす。

乾

天文——天○冰○始

地理——西北方○大都會○首都○郊○野○勝地

時候——寒○四月十二闢卦にて言ふ○九月十月の交陰曆○戌亥の年○戌亥の月○戌亥の日○戌亥の時

宗教——神

宮室——大厦○高堂○官衙○驛舍○樓臺○隱居處

衣服――衣（乾を衣と爲し、坤を裳と爲す。）○首飾

飲食――乾燥の物○珍味○馬肉○木果○辛辣の物

人物――帝王○先王○君○父○大人○長者○聖人○賢人○善人○君子○尊長○老人○名人○軍人

身體――首○肺○肥大

人事――剛健○武勇○果斷○淸○仁○愛○德○盛德○福○富○治○寛大

婚姻、出產――聲名ある家○貴き家○秋の占は婚を成すに宜し○冬は利あらず○分娩輕し○秋は貴子を生む○夏の占は利あらず

訪問――大人を見るに利し

名聲――得易し

利益――貴金屬等宜し○秋よし○冬は宜しからず○夏は損あり

數量――一、四、九

企望——成る○婦人に謀るも可

器具——玉○金

色彩——大赤○玄

動植物——獅子○象○馬○龍○瓜

疾病——頭面の疾○筋骨の病○肺患○生く

坤

天文——天陰○霧氣

地理——地○西南方○土○田野○郷里

時候——暑○十月十二闢卦にて言ふ○六月七月の交陰暦○未申の年○未申の月○未申の日○未申の時○夕○暮夜

宗教——鬼

宮室——戸

衣服——裳 乾を衣と爲し、坤が裳とす。○布○帛
飲食——穀物○土中の物○牛肉○甘味○筍芋の類
人物——母○臣○民○小人
身體——腹○身○醜○胃
人事——順○害○殺○衆
婚姻——利
訪問——利○春は利あらず
名聲——恥
利益——穀物布帛の類よろし
數量——八、五、十
企謀——春は少しくよし○郷里に謀り、又は婦人に謀るべし
器具——車○囊○缶

文書——文○書

色彩——黒○黄

動植物——牛○穀物

疾病、死亡——胃病○不消化○尸○死す

震

天文——雷

地理——東方○大塗○竹林○地震

時候——春分○卯の年○卯の月○卯の日○卯の時

人物——諸侯○士○長子○夫○壯士

身體——足

人事——威烈○樂み○進步○活潑○俠氣○狂亂○攻擊

數量——三、四、八

器具――鼓

色彩――青○玄黄

動植物――馬○麋○鹿○龍○木○竹○萑葦の属

疾病――足疾

巽

天文――風

地理――東南方○花園

時候――春夏の交○辰巳の年○辰巳の月○辰巳の日○辰巳の時

衣服――帯

飲食――雞肉○蔬菜

人物――長女○宮人○老婦○處女○妻

身體――股○陰○寡髮○廣顙○多白眼○腸

人事――命令○進退○不果○入
婚姻――成らず○長女の婚に宜し○秋は利しからず
利益――市三倍
數量――五、三、八
企望――才あり。成るべし
器具――繩○長き物
色彩――白
動植物――雞○魚○鮒○蛇○草茅○樹木○長き草木
疾病――感冒○中風○肱股の疾○梅毒

坎

天文――月○雲○雨
地理――北方○水○河○溝瀆○陷○穴○隱伏○險阻

時候——冬至○子の年○子の月○子の日○子の時
宮室——棟○酒樓○茶店○暗室
飲食——酒○豚肉○冷肉○水產物○醬油○鹹味
人物——中男○聖賢○智者○冠○盜賊
身體——耳○心○志○思慮○血○臀部○美○孕
人事——法律○勞○憂○桎梏○刑罰○禍○淫○慾○誠○陷○險難○狡猾
婚姻——中男の婚に宜し○難產
數量——一、六
企望——謀計
器具——弓○弓輪
文書——經○律
色彩——黑○赤

動植物――馬○豚○叢棘○蒺藜
疾病――耳痛○心疾○腎臓病○血病○下痢

離

天文――太陽○電○虹
地理――南方の日あたりよき處
時候――夏至○巳の年○巳の月○巳の日○巳の時
宮室――明窓○虚堂○城○牆
衣服――甲冑
飲食――苦味○雉肉○熱肉
人物――中女○女子○眼疾の人○文人
身體――目○大腹○折首
人事――泣○號○聰明○才學

婚姻——中女の婚に宜し
數量——二、三、七
企望——謀計○學事
器具——舟○武具○武器○矢○網○器○赤色の物
文書——書籍
色彩——赤○黄
動植物——牝牛○雉○鶴○龜○鼈○蝦○蟹○文蛤○喬木
疾病——眼病○チフス

艮

天文——星○霆
地理——東北方○山○丘○徑路
時候——冬春の交○丑寅の年○丑寅の月○丑寅の日○丑寅の時

宮室――宗廟○門闕○門庭○牀○廬○地下室○穴居
飲食――黔喙屬の肉○土中の物○甘味
人物――少男○童蒙○弟○友○道士
身體――手○指○脊○皮○膚○胴○鼻○肱
人事――守静○隱遯○中止○篤實○頑固
婚姻――少男の婚に宜し阻隔成りがたし
數量――五、七、十
色彩――黄
動植物――犬○狼○狐○鼠○尾
疾病――手、指の疾○胃病

兌

天文――半月

地理――西方○澤○水際○缺地○剛鹵の地

時候――秋分○酉の年○酉の月○酉の日○酉の時

飲食――羊肉○澤中の物○辛辣の味○宿味

人物――少女○妹○妻○妾○歌妓○娼妓○小人○巫○友人○刑人○伶人○譯官○辯護士○僞善者

身體――口○輔○頰○舌

人事――喜悦○諂佞○雄辯○毀折○説明○狹量○講習○卑近○苦情○笑○刑○罪○戀愛○柔弱

婚姻――少女の婚によろし○秋よろし○夏はよろしからず○情人の婚

職業――法官○伶官○譯官

數量――二、四、九

企望――秋は喜びあり

器具——金器
文書——朋友相會して講究研磨するによろし
色彩——白
動植物——羊○虎○澤中の物
疾病——口舌又は咽喉の疾○肺病○痰○喘息○飮食進まず

第二篇　占法

第十四章　占法梗概

梅花心易《ばいくわしんえき》に於《おい》ては、筮竹《ぜいちく》を用《もち》ゐず。左《さ》の諸件《しよけん》に依《よ》りて精細《せいさい》に判断《はんだん》を下《くだ》すのである。

(第《だい》一)年月日時《ねんげつじつじ》を算《かぞ》へて卦《くわ》と爻《かう》とを布《し》く。

(第《だい》二)上卦《じやうくわ》、下《か》卦《くわ》の何《いづ》れかに體用《たいよう》を定《さだ》むる事《こと》。

(第《だい》三)互卦《ごくわ》

(第《だい》四)之卦《しくわ》

(第《だい》五)五行相生相剋《ぎやうさうしやうさうこく》

(第《だい》六)五親相生相剋比和《しんさうしやうさうこくひわ》

(第《だい》七)卦象《くわしやう》

(第《だい》八)卦氣《くわき》盛衰《せいすゐ》

【猶《なほ》此《こ》の他《た》にも細目《さいもく》あれど、其《そ》の箇處《かしよ》〳〵に於《おい》て釋《と》くべし。】

これより右《みぎ》の八條《でう》に就《つい》て委《くは》しく述《の》べん。

(第一)　年月日時

凡《およ》そ卦《くわ》を起《おこ》し、爻《かう》を立《た》つるには、年月日《ねんげつじつ》の數《すう》を合《あは》せて、其《そ》の和《くわ》を八にて除《ちよ》し、其《そ》の殘數《ざんすう》にて上卦《じやうくわ》を作《つく》るべし。

但《たゞ》し年《とし》とは、占《うらなひ》を乞《こ》ふ人《ひと》の年齡《ねんれい》をいふにはあらず。占《うらな》ふ時《とき》の年《とし》をいふ。例《たと》へば、占《うら》ふ時《とき》の年《とし》が子《ね》の歳《とし》であれば其《そ》の數《すう》を一とし、丑《うし》の歳《とし》なれば二とし、寅《とら》なれば三とし、卯《う》なれば四、辰《たつ》なれば五、巳《み》なれば六、午《うま》なれば七、未《ひつじ》なれば八、申《さる》なれば九、酉《とり》なれば十、戌《いぬ》なれば十一、亥《ゐ》なれば十二とするのである。

【太陽暦《たいやうれき》に據《よ》ると、太陰暦《たいいんれき》に據《よ》るとは、占者《せんじや》の心中《しんちう》に極《き》め次第《しだい》にて、孰《いづ》れなりとも隨《ずゐ》意《い》に定《さだ》むべし。しかし何方《どちら》かに固《かた》く定《さだ》むるを要《えう》す。半途《はんと》に變更《へんかう》するは宜《よろ》しからず。】

例《たとへ》へば、占《うらな》ふ時《とき》が大正《たいしやう》十一年《ねん》三月《ぐわつ》十五日《にち》午後七時《じ》なれば、大正《たいしやう》十一年《ねん》は戌《いぬ》の歳《とし》にて、戌《いぬ》の數《すう》は十一ゆゑ、之《これ》を十一とし、三月《ぐわつ》は（陽暦《やうれき》を用《もち》ゆるときは）、一月《ぐわつ》、二月《ぐわつ》、三月《ぐわつ》、と算《かぞ》へて之《これ》を三とし、十五日《にち》は（同上《どうじやう》）その數《すう》十五である。依《よ》りて此《こ》の十一と三と十五とを合《あは》すときは、

$$\begin{array}{r} 11. \\ 3. \\ +\ 15. \\ \hline 29. \end{array}$$

即《すなは》ち二十九となる。依《よ》りて之《これ》を八にて除《ぢよ》するときは、三八、二十四となりて殘數《ざんすう》は五である。さて此《こ》の五は乾坤《けんこん》八卦《くわ》の何《ど》れに當《あた》るやといふに、乾兌離震巽坎艮坤《けんだりしんそんかんごんこん》と數《かぞ》へて、五ツ目《め》は巽《そん》に當《あた》る故《ゆゑ》に、その巽《そん》であることを知《し》るべし、乃《すなは》ち今出《いまで》た卦《くわ》の上卦《じやうくわ》は巽《そん》である。

次《つぎ》に右《みぎ》の年《とし》、月《つき》、日《ひ》を合《あは》せた二十九へ、午後《ごご》七時《じ》を加《くは》ふべし。第《だい》一篇第《ぺんだい》六章《しやう》にも述《の》べた通《とほ》り、夜《よる》の十二時《じ》が子《ね》で、午前《ごぜん》二時《じ》が丑《うし》、四時《じ》が寅《とら》、六時《じ》が卯《う》、八時《じ》が辰《たつ》、十時《じ》

が巳《み》、正午《しやうご》が午《うま》、午後《ごご》二時《じ》が未《ひつじ》、四時《じ》が申《さる》、六時《じ》が酉《とり》、八時《じ》が戌《いぬ》にて、午後《ごご》七時《じ》は酉《とり》の半刻《はんこく》に當《あた》る故《ゆゑ》に、ヤハリ酉《とり》と見《み》るべし。而《そ》して酉《とり》は前《まへ》にも言《い》つた通《とほ》り、子《ね》一、丑《うし》二、寅《とら》三、卯《う》四等《とう》と算《かぞ》へて十に當《あた》る故《ゆゑ》に、十とす。ソコデ年月日《としつきひ》の二十九に、酉《とり》の十を加《くは》ふれば、

$$\begin{array}{r} 29. \\ +\ 10. \\ \hline 39. \end{array}$$

即《すなは》ち其《そ》の和《わ》は三十九となる。依《よ》りて之《これ》を八にて除《ぢよ》し、四八、三十二を除《のぞ》き去《さ》るときは、殘數《ざんすう》は七である。さて此《こ》の七は乾兌離震巽坎艮《けんだりしんそんかんごん》と數《かぞ》へて七番目《ばんめ》は艮《ごん》である故《ゆゑ》に、今出《いまで》た卦《くわ》の下卦《かくわ》は艮《ごん》なることを知《し》るべし。

上卦《じやうくわ》が巽《そん》、下卦《かくわ》が艮《ごん》ゆえに、此《こ》の卦《くわ》は風山漸《ふうさんぜん》である。

次《つぎ》に年月日時《としつきひとき》の四つを合《あは》せた三十九をば六にて除《ぢよ》し、六六、三十六を除《のぞ》き去《さ》るときは、殘數《ざんすう》は三である。依《よ》りて此《こ》の爻《かう》は風山漸《ふうさんぜん》の九三たるを知《し》るべし。

右《みぎ》の例《れい》に據《よ》り、何時《いつ》にても年月日《としつきひ》の三つを合《あは》せて、之《これ》を八で除《ぢよ》した殘數《ざんすう》を上卦《じやうくわ》とすべし。又此《またこ》の年月日《としつきひ》の三つへ、時《とき》を加《くは》へて八で除《ぢよ》した殘數《ざんすう》を下卦《かくわ》とすべく、此《こ》の年月《としつき》日時《ひとき》の四つを六で除《ぢよ》した殘數《ざんすう》を爻位《かうゐ》とすべきである。

【但《たゞ》し上卦《じやうくわ》、下卦《かくわ》に論《ろん》なく、若《も》し八で除《ぢよ》して割《わ》り切《き》れ、殘數《ざんすう》なきときは、之《これ》を八と見《み》て坤《こん》とすべし。又爻位《またかうゐ》の場合《ばあひ》に於《おい》ても、六で割《わ》り切《き》れたるときは、六と見《み》て上爻《じやうかう》とすべきである。

【勿論此《もちろんこ》の心易《しんえき》の中《うち》には、年月日《としつきひ》を用《もち》ゐぬものも亦少《またすく》なからず。年月日《としつきひ》を用《もち》ゐぬ例《れい》は、下文第十五章以下《かぶんだいじふごしやういか》に載《の》すれば就《つい》て見《み》るべし。】

(第二) 體用

すべて易占《えきせん》の例《れい》に於《おい》ては動爻《どうかう》を以《もつ》て變爻《へんかう》とす。前例《ぜんれい》に於《おい》て、年月日時《としつきひとき》を合《あは》せた三十九を六で割《わ》つた殘數《ざんすう》は三にして、風山漸《ふうざんぜん》の九三が動爻《どうかう》である。辭《ことば》を換《か》へて言《い》へば、此《こ》の九三が變爻《へんかう》である。而《そ》して何時《いつ》にても、變爻《へんかう》が下卦《かくわ》に在《あ》れば、下卦《かくわ》を用《よう》とし、上卦《じやうくわ》を體《たい》とす。若《も》し又《また》變爻《へんかう》が上卦《じやうくわ》に在《あ》れば、上卦《じやうくわ》を用《よう》とし、下卦《かくわ》を體《たい》とす。たとへば明治《めいぢ》二十三年《ねん》二月《ぐわつ》十一日午前《にちごぜん》十時《じ》なれば、明治《めいぢ》二十三年《ねん》は寅《とら》の歳《とし》にて、寅《とら》の數《すう》は三なり。又《また》二月《ぐわつ》の二と、十一日《にち》の十一とを之《これ》に加《くは》ふるときは合計《がふけい》十六である。而《そ》して此《こ》の十六を八にて割《わ》るときは、割《わ》り切《き》れて殘數《ざんすう》なきに依《よ》り、之《これ》を八と見《み》て坤《こん》とす。即《すなは》ち上卦《じやうくわ》は坤《こん》である。次《つぎ》に前記《ぜんき》の三と二と十一とへ、十時(巳《み》の刻《こく》)、即《すなは》ち六を加《くは》へて二十二と爲《な》し、之《これ》を八にて割《わ》るときは、殘數《ざんすう》は六、即《すなは》ち坎《かん》にして、下卦《かくわ》は坎《かん》である。次《つぎ》に右《みぎ》の年《ねん》月日時《げつじつじ》を合《あは》せた二十二をば六にて割《わ》るときは、殘數《ざんすう》は四となる。依《よつ》て四爻目《かうめ》とす。乃《すなは》ち上卦《じやうくわ》は坤《こん》、下卦《かくわ》は坎《かん》にして、地水師《ちすゐし》の六四となる。此《こ》の場合《ばあひ》に於《おい》ては、九四が動爻《どうかう》ゆえに、上卦《じやうくわ》は用《よう》にして、下卦《かくわ》は體《たい》である。

要《えう》するに、變爻《へんかう》、即《すなは》ち動爻《どうかう》のなき方《はう》が體《たい》にして、變爻《へんかう》、即《すなは》ち動爻《どうかう》のある方《はう》が用《よう》であると知《し》るべし。

(第三)　互　卦

互卦《ごくわ》とは、二爻《かう》、三爻《かう》、四爻《かう》の三つを下卦《かくわ》とし、三爻《かう》、四爻《かう》、五爻《かう》の三つを上卦《じやうくわ》としたるものをいふ。例《たと》へば、前《まへ》に擧《あ》げたる風山漸《ふうさんぜん》の卦《くわ》に就《つい》て圖《づ》を作《つく》るときは左《さ》の如《ごと》し。

本卦　風山漸

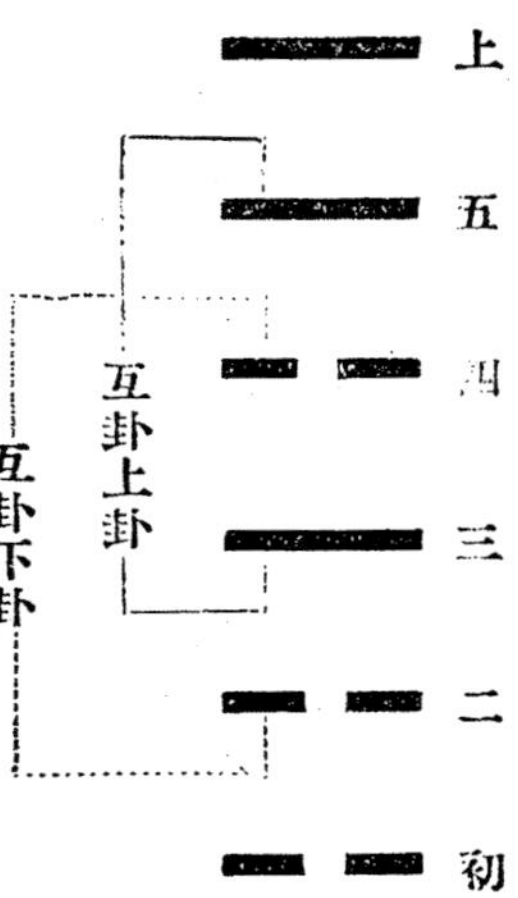

即《すなは》ち互卦《ごくわ》は火水未濟《くわすゐびせい》の卦《くわ》となる。

變卦　火水未濟

但《たゞ》し此《こ》の場合《ばあひ》に於《おい》ては八卦《くわ》の相生相剋《さうしやうさうこく》のみを用《もち》ゐて、六十四卦《くわ》の爻辭《かうじ》は用《もち》ゐぬので

ある。

又《また》乾坤《けんこん》の二卦《くわ》は、互卦《ごくわ》も全然《ぜんぜん》本卦《ほんくわ》と同《おな》じきゆゑ、此《こ》の二卦《くわ》の場合《ばあひ》に於《おい》ては、その變《へん》卦《くわ》を以《もつ》て互卦《ごくわ》とす。例《たと》へば、乾卦《けんくわ》に於《おい》て、若《も》し九四が變爻《へんかう》であるときは、上卦《じやうくわ》を巽《こん》に變《へん》じて、互卦《ごくわ》を風天小畜《ふうてんせうちく》とし、坤卦《こんくわ》に於《おい》て、六三が變爻《へんかう》であるときは、下卦《かくわ》を艮《ごん》に變《へん》じて、地山謙《ちざんけん》とするの類《るゐ》である。

（第四）之卦

之卦《しくわ》は、又《また》變卦《へんくわ》ともいふ。たとへば、乾《けん》の卦《くわ》（䷀）の初《しよ》九が變《へん》ずるときは、乾《けん》の卦《くわ》は變《へん》じて天風姤《てんぷうこう》の卦《くわ》（䷫）となる。此《こ》の折《をり》には、乾《けん》は本卦《ほんくわ》にして、姤《こう》は之卦《しくわ》、即《すなは》ち變卦《へんくわ》である。又《また》火地晉《くわちしん》の卦《くわ》（䷢）の初六爻《しよりくかう》が變《へん》ずるときは火雷噬嗑《くわらいぜいかう》の卦《くわ》（䷔）となる。此《こ》の折《をり》に於《おい》ては、晉《しん》は本卦《ほんくわ》にして、噬嗑《ぜいかう》は之卦《しくわ》、即《すなは》ち變卦《へんくわ》である。餘《よ》は推《お》して知《し》るべし。

又《また》（第《だい》五）五行相生相剋《ごぎやうさうしやうさうこく》は、第《だい》一篇《ぺん》第《だい》五章《しやう》に載《の》せ、（第《だい》六）五親相生相剋比和《しんさうしやうさうこくひわ》は、同第《おなじくだい》七章《しやう》に載《の》せ、(第《だい》七)卦象《くわしやう》は、同《おなじ》第《だい》十三章《しやう》に載《の》せ、(第《だい》八)卦氣《くわき》盛衰《せいすゐ》は、同《おなじ》第《だい》十一章《しやう》、旺《わう》相《しやう》の部《ぶ》に載《の》せたれば、就《つい》て觀《み》るべし。

第十五章　年月日を用ゐずして占ふ

前章《ぜんしやう》に載《の》する所《ところ》は、年月日時《ねんげつじつじ》を用《もち》ゐて占《うらな》ふの例《れい》なれども、其《その》他《た》に又是《またこ》れ等《ら》を用《もち》ゐずして占《うらな》ふべきものあり。たとへば、文字《もんじ》の如《ごと》き、果物《くだもの》、魚類《ぎよるゐ》の如《ごと》き、又《また》は鳥獸《とりけもの》の如《ごと》き、一箇《こ》、二箇《こ》、三箇《こ》など、數《かぞ》ふるを得《う》べきものは、一なれば乾《けん》とし、二なれば兌《だ》とし、三なれば離《り》とするといふ如《ごと》くに、其《その》數《かず》に依《よ》りて占《うらな》ふべく、又人物《またじんぶつ》の如《ごと》きは、老《らう》人《じん》なれば乾《けん》とし、少女《せうぢよ》なれば兌《だ》とするといふ如《ごと》くに年齢《ねんれい》に依《よ》りて占《うらな》ふべく、又色彩《またしきさい》の如《ごと》きは、靑《あを》きは震《しん》とし、白《しろ》きは兌《だ》とし、黑《くろ》きは坎《かん》とし、赤《あか》きは離《り》とするといふ如《ごと》くに、その色《いろ》の如何《いかん》に依《よ》りて占《うらな》ふべし。以下《いか》數章《すうしやう》に於《おい》て更《さ》らに委《くは》しく之《これ》を說《と》かん。

第十六章　字數を占ふ法

寡《すくな》きは二三字《じ》より、多《おほ》きは數百字《すうじ》に至《いた》る迄《まで》、すべて字數《じすう》に依《よ》りて占《うらな》ふべき場合《ばあひ》には、若《も》し字數《じすう》が偶數《ぐうすう》なる時《とき》は、之《これ》を等分《とうぶん》して半分《はんぶん》を上卦《じやうくわ》とし、他《た》の半分《はんぶん》を下卦《かくわ》とすれども、若《も》し字數《じすう》奇數《きすう》なる時《とき》は、一字《じ》少《すく》なき方《はう》を上卦《じやうくわ》とし、多《おほ》き方《はう》を下卦《かくわ》とす。これ天《てん》は輕《かる》くして清《す》み、地《ち》は重《おも》くして濁《にご》るの義《ぎ》に取《と》るのである。

第十七章　只一字を占ふ法

若《も》し又占《またうらな》ふべき文字《もんじ》が只《た》だ一字《じ》である時《とき》は、楷行草《かいぎやうさう》孰《いづ》れに論《ろん》なく、『偏《へん》』字の左旁に在るものを陽《やう》として、その字畫《じくわく》を數《かぞ》へて上卦《じやうくわ》を作《つく》るべく、又《また》『作《つく》り』字の右旁に在るものを陰《いん》とし、亦字畫《またじくわく》を數《かぞ》へて下卦《かくわ》を作《つく》るべし。

又扁《またへん》も作《つく》りもなき字《じ》ならば、『冠《かしむり》』の畫《くわく》を數《かぞ》へて上卦《じやうくわ》とし、其《そ》の餘《よ》の畫《くわく》を下卦《かくわ》とすべし。

又冠《またかしむり》も何《なに》もなき文字《もんじ》ならば、一畫少《くわくすく》なきを上卦《じやうくわ》とし、一畫多《くわくおほ》きを下卦《かくわ》とすべし。

畫數均《くわくすうひと》しきときは、之《これ》を等分《とうぶん》して、一を上卦《じやうくわ》とし、一を下卦《かくわ》とすべし。

第十八章　二字以上を占ふ法

二字《じ》を占《うらな》ふ場合《ばあひ》には、之《これ》を兩儀《りやうぎ》と見《み》て、一字《じ》を上卦《じやうくわ》とし、一字《じ》を下卦《かくわ》とし、二字《じ》を合《あは》せて動爻《どうかう》とすべし。

【これより以下《いか》は、第《だい》十六章《しやう》と重複《ちゆうふく》に似《に》たれども、稍々《やゝ》その理論《りろん》を異《こと》にする故《ゆゑ》に、再《ふたゝ》び掲《かゝ》ぐ。】

三字《じ》を占《うらな》ふ場合《ばあひ》には、之《これ》を天地人《てんちじん》三才《さい》と見《み》て、一字《じ》を上卦《じやうくわ》とし、二字《じ》を下卦《かくわ》とし、三字《じ》を合《あは》せて動爻《どうかう》とすべし。

四字《じ》を占《うらな》ふ場合《ばあひ》には、之《これ》を老陽《らうやう》老陰《らういん》少陽《せうやう》少陰《せういん》と見《み》て、上下兩卦《じやうげりやうくわ》に等分《とうぶん》すべし。但《たゞ》し此《こ》の折《をり》には、成《な》るべく字畫《じくわく》に據《よ》らず、平《ひやう》上《じやう》去《きよ》入《にふ》の四聲《せい》に據《よ》るを宜《よろ》しとす。乃《すなは》ちその字《じ》が平聲《ひやうせい》なれば一とし、上聲《じやうせい》なれば二とし、去聲《きよせい》なれば、三とし、入聲《にふせい》なれば四とす。例《たと》へば東孔空角《とうこうくうかく》の四字《じ》を占《うらな》ふには、上《かみ》二字《じ》を上卦《じやうくわ》とし、下《しも》二字《じ》を下卦《かくわ》として、さて上《じやう》卦《くわ》の東《とう》は平聲《ひやうせい》なる故《ゆゑ》に一とし、孔《こう》は上聲《じやうせい》ゆゑに二とすべし。合《あは》せて上卦《じやうくわ》は三となるゆゑに、離《り》卦《くわ》となる。又下卦《またかくわ》の空《くう》は去聲《きよせい》ゆゑに三にして、角《かく》は入聲《にふせい》ゆゑに四である。乃《すなは》ち此《こ》の二字《じ》を合《あは》せて、下卦《かくわ》は七となる。即《すなは》ち艮卦《ごんのくわ》である。又上卦下卦《またじやうくわかくわ》は合《あは》せて十である故《ゆゑ》に、此《こ》の十を六にて除《ぢよ》する時《とき》は殘數《ざんすう》は四となる。されば玆《こゝ》に得《え》たる卦爻《くわかう》は、火山《くわさん》旅《りよ》の九四である。

【四字《じ》の占《うらな》ひより、十字《じ》の占《うらな》ひに至《いた》る迄《まで》は、此《こ》の例《れい》に倣《なら》ひて、成《な》るべく平仄《ひやうそく》平上去入を用ゆるを宜《よろ》しとす。尤《もつと》も十一字《じ》以上《いじやう》は、平仄《ひやうそく》に據《よ》らぬのが法《はふ》である。】

五字を占《うらな》ふ場合《ばあひ》には、之《これ》を水火木金土《すゐくわもくきんど》の五行《ぎやう》と見《み》て、二字《じ》を上卦《じやうくわ》とし、三字《じ》を下卦《かくわ》とすべし。

六字《じ》を占《うらな》ふ場合《ばあひ》には、之《これ》を六爻《かう》の象《しやう》と見《み》て、三字《じ》づゝ上下《しやうか》に分《わか》つべし。

七字《じ》を占《うらな》ふ場合《ばあひ》には、之《これ》を七曜《やう》、即《すなは》ち日月火水木金土《じつげつくわすゐもくきんど》と見《み》て、三字《じ》を上卦《じやうくわ》とし、四字《じ》を下卦《かくわ》とすべし。

八字《じ》を占《うらな》ふ場合《ばあひ》には、之《これ》を乾兌離震巽坎艮坤《けんだりしんそんかんごんこん》の八卦《くわ》と見《み》、四字《じ》づゝ上下《しやうか》に分《わか》つべし。

九字《じ》を占《うらな》ふ場合《ばあひ》には、之《これ》を洪範九疇《かうはんちう》、即《すなは》ち(一)五行《ぎやう》、(二)五事《じ》、(三)八政《せい》、(四)五紀《き》、(五)皇極《くわうきよく》、(六)三徳《とく》、(七)稽疑《けいぎ》、(八)庶徵《しよちよう》、(九)五福《ふく》、及《およ》び六極《きよく》と見《み》て、四字《じ》を上卦《じやうくわ》とし、五字《じ》を下卦《かくわ》とすべし。

十字《じ》を占《うらな》ふ場合《ばあひ》には、之《これ》を伏羲《ふくき》十言《げん》の敎《をしへ》、即《すなは》ち乾《けん》、坤《こん》、震《しん》、巽《そん》、坎《かん》、離《り》、艮《ごん》、兌《だ》、消《せう》、息《そく》と見《み》て、五字《じ》づゝ上下《しやうか》に等分《とうぶん》すべし。

十一字《じ》以上《いじやう》、何《なん》百字《じ》にても占《うらな》ふ場合《ばあひ》には、ヤハリ第《だい》十六章《しやう》の例《れい》に準《じゆん》ずべし。

第十九章　鳥獸を見聞して自他の吉凶を斷する法

凡《およ》そ鳥獸《とりけもの》の群《むれ》を爲《な》して居《を》るを見《み》るときは、(一)其《そ》の鳥獸《とりけもの》の數《すう》を算《かぞ》へ、(二)その方位《はうゐ》を明《あきら》かにし、(三)その鳴《な》く聲《こゑ》を聽《き》き、(四)その鳥獸《とりけもの》の種類《しゆるゐ》を審《つまびらか》にし、そして吉凶《きつきよう》を斷《だん》ずべし。

(一)其《そ》の鳥獸《とりけもの》の數《すう》を算《かぞ》ふるとは、若《も》し只《た》だ一羽《は》、又《また》は一匹《びき》なれば乾《けん》とし、二つなれば兌《だ》とし、三つなれば離《り》とし、四つなれば震《しん》。五つなれば巽《そん》、六つなれば坎《かん》、七つなれば艮《ごん》、八つなれば坤《こん》とすべし。若《も》し八つよりも多《おほ》きときは、例《れい》の如《ごと》く八にて除《ぢよ》してその殘數《ざんすう》を以《もつ》て上卦《じやうくわ》を作《つく》るべし。

(二)その方位《はうゐ》を明《あきら》かにするとは、その居《を》る方又《はうまた》は去《さ》る方《かた》を見《み》て下卦《かくわ》を作《つく》るをいふ。

たとへば、南方《なんぱう》に居《を》るか、南方《なんぱう》より來《きた》るか、又《また》は南方《なんぱう》に向《むか》つて去《さ》るかするときは離《り》とし、北方《ほくはう》に居《を》るか、北方《ほくはう》より來《きた》るか、北方《ほくはう》に向《むか》つて去《さ》るかするときは坎《かん》とし、東方《とうはう》なれば震《しん》、西方《せいはう》なれば兌《だ》、西北隅《せいほくぐう》なれば乾《けん》、西南隅《せいなんぐう》なれば坤《こん》、東北隅《とうほくぐう》なれば艮《ごん》、東南隅《とうなんぐう》なれば巽《そん》とすべし。

たとへば其《そ》の數《すう》は六つで、その方位《はうゐ》は南方《なんぱう》なれば、上卦《じやうくわ》を坎《かん》とし、下卦《かくわ》を離《り》として、水火既濟《するくわきせい》の卦《くわ》を作《つく》るの類是《るゐこ》れなり。

又《また》その爻位《かうゐ》を作《つく》るには、前例《ぜんれい》に於《おい》て坎《かん》の數《すう》は六、離《り》の數《すう》は三なれば、上卦《じやうくわ》、下《か》卦《くわ》合《あは》せてその數《すう》は九となる。これに其《そ》の見《み》たる時《じこく》の數《すう》を加《くは》へて、——たとへば見《み》たる時《とき》が午後《ごご》二時《じ》なれば未刻《ひつじのこく》にして、未《ひつじ》の數《すう》は八ゆゑに、九に八を加《くは》へて十七とし、之《これ》を六にて除《およ》するときは、殘數《ざんすう》は五である故《ゆゑ》に、五爻《かう》とすべし。乃《すなは》ち水火既濟《するくわきせい》の卦《くわ》の九五爻《かう》を得《う》るのである。

(三)その鳴《な》く聲《こゑ》を聞《き》くとは、鳴《な》く聲《こゑ》の數《すう》に據《よ》りて上卦《じやうくわ》を作《つく》るをいふ。此《こ》の場合《ばあひ》に於《おい》ては、一切《いつさい》その鳥獸《とりけもの》の數《すう》を問《と》はず、只《た》だ鳴《な》き聲《ごゑ》に據《よ》る。たとへば一聲《ひとこゑ》なれば乾《けん》とし、二聲《ふたこゑ》なれば兌《だ》とし、三《み》聲《こゑ》なれば離《り》とし、四《よ》聲《こゑ》なれば震《しん》、五聲《いつこゑ》なれば巽《そん》、六《む》聲《こゑ》なれば坎《かん》、七聲《なゝこゑ》なれば艮《ごん》、八《や》聲《こゑ》なれば坤《こん》とすべし。

尤《もつと》も鳴《な》き方《かた》の如何《いかん》をも判斷《はんだん》の中《うち》に加《くは》ふるのである。たとへば其《そ》の聲《こゑ》が嬉《うれ》し氣《げ》に面白《おもしろ》く聞《きこ》ゆるは吉《きち》にして、悲《かな》し氣《げ》に嗚咽《なきむせ》ぶやうに聞《きこ》ゆるは凶《きよう》に、又喧《またかまびす》しく聞《きこ》ゆるは、口舌《くぜつ》を起《おこ》すの兆《きざし》と知《し》るべし。

(四)その鳥獸《とりけもの》の種類《しゆるゐ》を審《つまびら》かにして、吉凶を斷《だん》ずるとは、たとへば鳥類《とりるゐ》に就《つい》て言《い》へば同《おな》じ鳥《とり》の中《うち》にても、鶴《つる》の聲《こゑ》を聞《き》けば吉《きち》なれども、烏《からす》の如《ごと》きは、その鳴《な》き方《かた》に依《よ》りて不吉《ふきつ》とも爲《な》るべく、又鷲鷹《またわしくまたか》の鳴《な》くは、災《わざはひ》の前兆《ぜんてう》とするの類《るゐ》である。

第二十章　一般に音聲を聞いて吉凶を斷ずる法

閑静《かんせい》なる家《いへ》にて、目《め》に見《み》る物《もの》なき時《とき》は、只《た》だ耳《みヽ》に聞《き》く所《ところ》に據《よ》りて卦《くわ》を起《おこ》すもよろし。此《こ》の折《をり》には、ヤハリ前章《ぜんしやう》の如《ごと》く、其《そ》の數《すう》を算《かぞ》へて、一聲《こゑ》なれば乾《けん》とし、二聲《こゑ》なれば兌《だ》といふやうにすべく、又《また》その方位《はうゐ》を察《さつ》して、南方《なんぱう》なれば離《り》、北方《ほくはう》なれば坎《かん》といふやうにすべし。又《また》その聲《こゑ》の嬉《うれ》しきか、哀《かな》しきかに據《よ》りて吉凶《きつきよう》を定《さだ》むることも前章《ぜんしやう》の通《とほ》りである。

尤《もつと》も時《とき》に依《よ》りては、一聲《こゑ》、二聲《こゑ》などゝ數《かぞ》へず、その聲《こゑ》が人《ひと》の言語《げんご》談話《だんわ》などの如《ごと》く、口《くち》より發《はつ》する時《とき》は兌卦《だのくわ》とし、海《うみ》、河《かは》、瀑布《たき》、又《また》は雨《あめ》の音《おと》などなれば坎卦《かんのくわ》とし、火《ひ》の燃《も》ゆる音《おと》などなれば離卦《りのくわ》とし、風《かぜ》の音《おと》なれば巽卦《そんのくわ》とし、同《おな》じ風《かぜ》にても、それが爲《た》めに草《さう》木《もく》の鳴《な》る音《おと》や又《また》は拍子木《ひやうしぎ》などの音《おと》なれば震卦《しんのくわ》とし、金器《きんき》の音《おと》なれば乾卦《けんのくわ》とし、土器《どき》の音《おと》なれば坤卦《こんのくわ》とし、又《また》鼻《はな》洟をかむ音《おと》、手《て》を拍《う》つ音《おと》なれば艮卦《ごんのくわ》となるの類《るゐ》である。

第二十一章　形狀、及色彩を見て吉凶を斷する法

形狀《かたち》の占《うらな》ひとは、圓《まろ》き物《もの》を乾《けん》とし、四角《かく》、及《およ》び其《そ》の他《た》角《かど》のある物《もの》を坤《こん》とし、內堅《うちかた》く、外柔《そとやはら》かき物《もの》を坎《かん》とし、外堅《そとかた》く、內柔《うちやはら》かき物《もの》を離《り》とし、乾燥《ほしかはか》したる物《もの》、又《また》は枯《か》れたる物《もの》も又《また》離《り》とし、缺《か》けたる物《もの》を兌《だ》とし、長《なが》き物《もの》、又《また》は柔《やはら》かき物《もの》を巽《そん》とし、仰向《あふむ》きたる物《もの》、盆《ぼん》の如《ごと》き物《もの》を震《しん》とし、俯覆《うつおほ》ひたる物《もの》、又《また》は蓋《ふた》のある物《もの》を艮《ごん》とするの類《るゐ》である。

色彩《いろ》の占《うらな》ひとは、靑《あを》き物《もの》を震《しん》とし、白《しろ》き物《もの》を兌《だ》とし、赤《あか》き物《もの》を離《り》とし、黑《くろ》き物《もの》を坎《かん》とし、黃《きいろ》き物《もの》を坤《こん》とし、玄黃《くろきいろ》なるを乾《けん》とし、碧色《みどり》を巽《そん》とするの類《るゐ》である。言《い》ふ迄《まで》もなく、二卦《くわ》の取合《とりあはせ》に依《よ》りて吉《きつ》ともなれば、凶《きよう》ともなるのである。

第二十二章　尺度にて量るの物占法

たとへば呉服物《ごふくもの》、又《また》は縄紐《なはひも》などの如《ごと》き物差《ものさし》を用《もち》ゐて度《はか》る物《もの》を占《うらな》ふには、丈數《じやうすう》を八にて除《ちよ》したる殘數《ざんすう》を上卦《じやうくわ》とし、尺數《しやくすう》を除《ちよ》したる殘數《ざんすう》を下卦《かくわ》とし、又此《またこの》二つを合《あは》せた上《うへ》に、時《とき》の數《すう》を加《くは》へて、之《これ》を六にて除《ちよ》したる殘數《ざんすう》を動爻《どうかう》として、卦《くわ》を起《おこ》すべし。

但《たゞ》し寸以下《すんいか》の數《すう》は之《これ》を用《もち》ゐず。若《も》し何尺何寸《なんじやくなんずん》といふ迄《まで》に止《とゞ》まりて、丈迄《じやうまで》に至《いた》らざる物《もの》を占《うらな》ふときは、尺數《しやくすう》を八にて除《ちよ》したる殘數《ざんすう》を上卦《じやうくわ》として、寸數《すんすう》を八にて除《ちよ》したる殘《ざん》數《すう》を下卦《かくわ》とすべし。

米酒《こめさけ》などの如《ごと》き升目《ますめ》を用《もち》ゆべき物《もの》、又《また》は砂糖漢藥《さとうかんやく》などの如《ごと》き權衡《はかり》を用《もち》ゆべき物《もの》を占《うらな》ふにも亦尺度《またものさし》にてはかるべき物《もの》の例《れい》に準《じゆん》ず。

第二十三章　人の依頼に應じて占ふの法

凡《およ》そ易占《えきせん》を請《こ》ふ人《ひと》ある時《とき》は、之《これ》を占《うらな》ふ法《はふ》に大要《たいえう》八種《しゆ》あり。

(一)其《そ》の人格《じんかく》に據《よ》る事《こと》。

(二)其《そ》の音聲《おんせい》に據《よ》る事《こと》。

(三)諸《これ》を其《そ》の身《み》に取《と》る事《こと》。

(四)諸《これ》を其《そ》の物《もの》に取《と》る事《こと》。

(五)其《そ》の衣服《いふく》の色彩《いろ》に據《よ》る事《こと》。

(六)觸《ふ》るゝ所《ところ》の外物《ぐわいぶつ》に據《よ》る事《こと》。

(七)年月日時《ねんげつじつじ》に據《よ》る事《こと》。

(八)書面《しよめん》にて依頼《いらい》し來《きた》りたる場合《ばあひ》に於《おい》て、その書面《しよめん》の字數《じすう》に據《よ》る事《こと》。

是《こ》れなり。

(一)其《そ》の人格《じんかく》に據《よ》るとは、例《たと》へば、依頼者《いらいしや》が若《も》し老人《らうじん》なれば乾《けん》の卦《くわ》とし、老婆《らうば》なれば坤《こん》の卦《くわ》とし、壯年男女《さうねんだんぢよ》なれば震《しん》の卦《くわ》、又《また》は巽《そん》の卦《くわ》とし、中年《ちうねん》なれば坎《かん》の卦《くわ》、又《また》は離《り》の卦《くわ》とし、青年《せいねん》なれば艮《ごん》の卦《くわ》、又《また》は兌《だ》の卦《くわ》とするの類《るゐ》である。

(二)其《そ》の音聲《おんせい》に據《よ》るとは、依頼者《いらいしや》が初《はじめ》に言《い》ひ出《だ》したる一句《いつく》を文字《もんじ》に書《か》き、字數《じすう》を分《わ》けて卦《くわ》を作《つく》るをいふ。其《そ》の法《はふ》は、前章《ぜんしやう》に載《の》せたる字數《じすう》の例《れい》に同《おな》じ。若《も》し依頼者《いらいしや》の言語《ことば》が二句《く》なれば、前《まへ》の一句《く》を以《もつ》て上卦《じやうくわ》を作《つく》り、後《あと》の一句《く》を以《もつ》て下卦《かくわ》を作《つく》るべし。又若《またも》し依頼者《いらいしや》の話《はなし》が長物語《ながものがたり》にて數句《すうく》、或《あるひ》は數《すう》十句《く》に渉《わた》りたれば、最初《さいしよ》の一句《く》を以《もつ》て上卦《じやうくわ》を作《つく》り、最後《さいご》の一句《く》を以《もつ》て下卦《かくわ》を作《つく》るべし。其《そ》の餘《よ》の諸句《しよく》は何程多《なにほどおほ》しとも、一切捨《いつさいす》てゝ、用《もち》ゐぬのである。

(三)諸《これ》を其《そ》の身《み》に取《と》るとは、例《たと》へば、依頼者《いらいしや》が頭《かしら》を動《うご》かすときは乾《けん》とし、腹《はら》に接《さは》るときは坤《こん》とし、足《あし》を動《うご》かすときは震《しん》とし、股《もゝ》に接《さは》るときは巽《そん》とし、耳《みゝ》に接《さは》るときは坎《かん》とし、目《め》を動《うご》かすときは離《り》とし、鼻《はな》に接《さは》るときは艮《ごん》とし、口《くち》に接《さは》るか、又《また》は舌《した》を出《だ》すなどの時《とき》は兌《だ》とするの類《るゐ》である。委《くよ》しくは、第《だい》十三章《しやう》、八卦象意《くわしやうい》の部《ぶ》を參考《さんかう》すべし。

(四)諸《これ》を其《そ》の物《もの》に取《と》るとは、依頼者《いらいしやも》若し其《そ》の手《て》に物《もの》を持《も》つときは、其《そ》の物《もの》に目《め》を注《そゝ》ぎて、若《も》し其《そ》の物《もの》が金玉《きんぎよく》、又《また》は鏡《かゞみ》、又《また》はその他《た》圓《まる》き物《もの》であつたらば乾《けん》とし、文章《ぶんしやう》、又《また》は土器《どき》(陶器《たうき》も然《しか》り。)又《また》は四角《かく》な道具《だうぐ》などの類《るゐ》にてあつたらば坤《こん》とし、笛《ふえ》、又《また》は竹《たけ》の筒《つゝ》、盆《ぼん》、又《また》は樹木《じゆもく》の類《るゐ》にてあつたらば震《しん》とし、鋸《のこぎり》、鑿《のみ》、又《また》は繩《なは》などの類《るゐ》にてあつたらば巽《そん》とし、魚《うを》、又《また》は酒《さけ》、鹽《しほ》、食物《しよくもつ》などの類《るゐ》にてあつたらば坎《かん》とし、鰕《えび》、蟹《かに》、甲冑《かつちう》、又《また》は花卉《くわき》、枯木《かれき》の類《るゐ》であつたらば離《り》とし、果物《くだもの》、又《また》は石《いし》の類《るゐ》であつたらば艮《ごん》とし、樂器《がくき》類《るゐ》、缺《か》けたる器《うつは》、口《くち》のある物《もの》などの類《るゐ》にてあつたらば兌《だ》とするなどがそれである。委《くよ》しくは亦第《またたい》十三章《しやう》、八卦象意《くわしやうい》の處《ところ》と參照《さんせう》すべし。

(五)其《そ》の衣服《いふく》の色彩《いろ》に據《よ》るとは、依頼者《いらいしやも》若し黑色《くろいろ》の衣服《いふく》を着《き》るときは坎《かん》とし、青色《あをいろ》の衣服《いふく》を着《き》るときは震《しん》とし、白色《しろいろ》の衣服《いこく》なれば兌《だ》とし、黄色《きいろ》の衣服《いふく》なれば坤《こん》とし、赤《あか》色《いろ》の衣服《いふく》なれば離《り》とし、玄黄色《くつきいろ》の衣服《いふく》なれば乾《けん》とし、綠色《みどりいろ》なれば巽《そん》とするの類《るゐ》である。

(六)觸《ふ》る丶所《ところ》の外物《ぐわいぶつ》に據《よ》るとは、例《たと》へば、占筮《せんせい》せんとする時《とき》、偶然《ぐうぜん》に氷《こほり》が目《め》に觸《ふ》るれば乾《けん》とし、布帛《ふはく》の類《るゐ》は坤《こん》とし、水《みづ》を見《み》れば坎《かん》とし、火《ひ》を見《み》れば離《り》とし、雷《らい》を聞《き》けば震《しん》とし、風《かぜ》に觸《ふ》るれば巽《そん》とし、池澤《いけさは》を見《み》れば兌《だ》とし、山《やま》を見《み》れば艮《ごん》とするの類《るゐ》である。

(七)年月日時《ねんげつじつじ》に據《よ》るとは、則《すなは》ち第《だい》十四章《しやう》などに說《と》きたるが如《ごと》き是《こ》れなり。

(八)書面《しよめん》にて依賴《いらい》し來《きた》りたる場合《ばあひ》は、其《そ》の書面《しよめん》の字數《じすう》によりて占《うらな》ふをいふ。

第二十四章　靜物の占法

靜物《せいぶつ》とは、動物《どうぶつ》と相反《あひはん》し、一所《しよ》に定在《ていざい》して動《うご》かざる物《もの》をいふ、地所《ちしよ》、家屋《かをく》、樹木《じゆもく》、江《え》、河《かは》、山《やま》、石《いし》、又《また》は疊《たゝみ》、椅子《いす》、枕《まくら》などの類《るゐ》是《こ》れなり、此《こ》の中《うち》にて江河山石《えかはやまいし》などは永《えい》久不變《きうふへん》の性質《せいしつ》を帶《お》びたるものゆゑ、之《これ》に據《よ》りて卦《くわ》を敷《し》くべからず、地所《ちしよ》、又《また》は他《た》より買入《かひい》れたる家屋《かをく》は、始《はじ》めて買入《かひい》れたる年月日時《ねんげつじつじ》に據《よ》りて占《うらな》ふべく、自分《じぶん》が建築《けんちく》したる家屋《かをく》ならば、その建築《けんちく》したる年月日時《ねんげつじつじ》に據《よ》るべし、又疊《またたゝみ》、椅子《いす》、枕《まくら》などの如《ごと》き器具《きぐ》は、始《はじ》めて買《か》ひ入《い》れたる年月日時《ねんげつじつじ》に據《よ》るべく、樹木《じゆもく》は始《はじ》めて植《う》ゑたる年月日時《ねんげつじつじ》に據《よ》るべししかしながら此《こ》の種《しゆ》の靜物《せいぶつ》は、何《なに》か事故《じこ》なければ占《うらな》はざるを定則《ていそく》とす、彼《か》の邵康節《せうかうせつ》の梅花《ばいくわ》の占《うらな》ひなどは、雀《すゞめ》が枝上《えだのうへ》に於《おい》て相爭《あひあらそ》ひ、地《ち》に墜《お》ちたのを見《み》た故《ゆゑ》に占《うらな》つたのである、牡丹《ぼたん》の占《うらな》ひの如《ごと》きも亦客人《またきやくじん》の問《とひ》に依《よつ》て占《うらな》ひたるものである。

第二十五章　家畜を飼ふ時の占法

牛《うし》、馬《うま》、犬《いぬ》、猫《ねこ》、雞《にはとり》などの如《ごと》き家畜《かちく》を飼養《しやう》せんと思《おも》はゞ、その生《うま》れたる年月日時《ねんげつじつじ》に據《よ》りて吉凶《きつきよう》を占《うらな》ふべし、勿論他《もちろんた》より買入《かひい》れ、又《また》は貰《もら》ひ受《う》くるなどの場合《ばあひ》には生年月日《うまれねんげつじつ》時《じ》を詳《つまびら》かにしがたきことあるべければ、かゝる折《をり》には、その買入《かひい》れ、又《また》は貰《もら》ひ受《う》くる時《とき》の年月日時《ねんげつじつじ》に據《よ》りて占《うらな》ふべし、而《しか》して吉《きち》なる時《とき》は飼養《しやう》すべく、凶《きよう》なる時《とき》は不吉《ふきつ》なり。

中篇

第三篇　占法二

第二十六章　心易秘訣

【上篇《じやうへん》に於《おい》ては、簡易《かんい》なる占法《せんぱふ》を説《と》いた、下篇《げへん》に於《おい》ては、粗《そ》より密《みつ》に進《すゝ》みて、心易《しんえき》の心易《しんえき》たる所以《ゆゑん》の占法《せんぱふ》を説《と》かん。】

凡《およ》そ人間萬事《にんげんばんじ》、吉凶《きつきよう》あらざる事《こと》なし、その吉凶《きつきよう》の始《はじ》めて微《かよ》かに兆《きざし》を見《あら》はすを幾《き》といふ、皐陶《かうたう》（堯舜の時の賢人）が禹《う》（舜に繼で天子となつた人）に敎《をし》ふる辭《ことば》にも『一日《じつ》二日萬幾《じつばんき》』とあり、わづか一日《じつ》か二日《ふつか》の間にも、吉《きち》に向《むか》ひ、凶《きよう》に向《むか》ふべききざしは、數限《かずかぎ》りなくありとなり、しかし此《こ》のきざしは、その理《り》あれども、その形《かたち》なきものなれば、象《しやう》を假《か》り、その義《ぎ》をとりて占《うらな》ふ、たとへば、乾《けん》は剛健の理《り》あるに依《よ》りて、象《しやう》を馬《うま》に取《と》り、坤《こん》は柔順《じうじゆん》の理《り》あるに依《よ》りて、象《しやう》を牛《うし》に取《と》る、これに據《よ》りて又吉凶《またきつきよう》の理《り》を占《うらな》ひ定《さだ》むべし、さりながら卦象《くわしやう》には一定不變《ていふへん》の理《り》あれども、此《こ》の活社會《くわつしやくわい》は宛《さだか》も走馬燈《まはりどうらう》の如《ごと》く、時々刻々《じじこくこく》變動《へんどう》するが故《ゆゑ》に、易《えき》は亦《また》一面《めん》に於《おい》て不變《ふへん》の理《り》を確守《かくしゆ》すると同時《どうじ》に、一面《めん》に於《おい》ては變易《へんえき》の作用《さよう》を以《もつ》て此《こ》の社會《しやくわい》に應《おう》ぜざるべからず、されば、同《おな》じ卦《くわ》、同《おな》じ爻《かう》にても、其《そ》の時《とき》の模樣《もやう》に依《よ》り、其《そ》の人《ひと》の環境《くわんきやう》と心掛《こゝろがけ》とに依《よ》りて、吉《きつ》ともなり、凶《きよう》ともなるのである、たとへば豐太閤《ほうたいかふ》は微賤《びせん》の時《とき》に、地水師《ちすゐし》の坤《こん》に之《ゆ》くを得《え》て非常《ひじやう》の立身出世《りつしんしゆつせ》を爲《な》したれども、世《よ》の同卦《どうくわ》を得《え》たる人必《ひとかな》らずしも非常《ひじやう》の立身出世《りつしんしゆつせ》を爲《な》すこと能《あた》はず、陳《ちん》の公子完《こうしくわん》は風地觀《ふうちくわん》の天地否《てんちひ》に之《ゆ》くを得《え》て、其《そ》の子孫《しそん》、齊國《せいこく》の君《きみ》と爲《な》りたれども、餘《よ》の人此《ひとこ》の卦《くわ》を得《え》たらば、寧《むし》ろ凶《きよう》に近《ちか》からんか、本書《ほんしよ》に就《つい》て言《い》ふも、觀梅《くわんばい》の占《うらな》ひには、澤火革《たくくわかく》を得《え》て、少女《せうぢよ》の花《はな》を折《を》り、股《もゝ》を傷《きず》つくるを知《し》りたれども、將來澤火革《しやうらいたくくわかく》を得《う》る時《とき》、必《かな》らずしも少女《せうぢよ》の花《はな》を折《を》り、股《もゝ》を傷《きず》つくる占《うらな》ひと爲《な》すを得《え》ず、牡丹《ぼたん》の占《うらな》ひには、天風姤《てんふうこう》を得《え》て、此《こ》の花《はな》の、馬《うま》の爲《た》めに蹂躙《じうりん》せらるゝを知《し》りたれども、亦將來天風姤《またしやうらいてんふうこう》を得《う》る時《とき》、必《かな》らずしも牡丹《ぼたん》が馬《うま》の爲《た》めに蹂躙《じうりん》せらるゝの占《うらな》ひと見《み》るを得《え》ぬのである、要《えう》するに、諸種《しよしゆ》の事情《じじやう》を參考《さんかう》として、始《はじ》めて百發《ぱつ》百中《ちう》の妙域《めうゐき》に進《すゝ》むべきである。

第二十七章　卦の體用

（一）　體用の別

言《い》ふ迄《まで》もなく、體《たい》は本體《ほんたい》、用《よう》は本體《ほんたい》の作用《はたらき》をいふなれども、卜筮《ぼくぜい》の方《はう》よりいふときは、上卦《じやうくわ》、下卦《かくわ》の中《うち》に於《おい》て、變爻《へんかう》のある方《はう》を用《よう》とし、なき方《はう》を體《たい》とす、たとへば前章《せんしやう》に引《ひ》きたる豐太閤《ほうたいかふ》の占例《せんれい》に就《つい》て言《い》へば、地水師《ちすゐし》の九二を得《え》た時《とき》には、地水師の坤に之くを得たるは九二が變爻《へんかう》、即《すなは》ち動爻《どうかう》となる故《ゆゑ》に、下卦《かくわ》が用《よう》にして、上卦《じやうくわ》は體《たい》である、又陳《またちん》の公子完《こうしくわん》の占例《せんれい》に就《つい》て言《い》へば、これは風地觀《ふうちくわん》の六四を得《え》たのであつて、六四が變爻《へんかう》、即《すなは》ち動爻《どうかう》ゆゑ、上卦《じやうくわ》が用《よう》にして、下卦《かくわ》は體《たい》である。又本書觀梅《またほんしよくわんばい》の占《うらな》ひに就《つい》て言《い》へば、澤火革《たくくわかく》の初《しよ》九を得《え》て、初九《しよく》が變爻《へんかう》、即《すなは》ち動爻《どうかう》ゆゑ、下卦《かくわ》が用《よう》にして、上卦《じやうくわ》は體《たい》である、又牡丹《またぼたん》の占《うらな》ひに就《つい》て言《い》へば、天風姤《てんふうこう》の九五が變爻《へんかう》、即《すなは》ち動爻《どうかう》ゆゑ、上卦《じやうくわ》が用《よう》にして、下卦《かくわ》は體《たい》である。

此《こ》の體用《たいよう》の二つの中《うち》で、體卦《たいくわ》は主《しゆ》にして、用卦《ようくわ》は事《こと》を占《うらな》ふ方《かた》とす、又互卦《またごくわ》なるものあり、第十四章に委し 又之卦《またしくわ》、即《すなは》ち變卦《へんくわ》なるものあり。たとへば、地水師《ちすゐし》の九二が變《へん》じて坤《こん》に之《ゆ》く時《とき》は、地水師《ちすゐし》は本卦《ほんくわ》にして、坤《こん》は之卦《しくわ》、即《すなは》ち變卦《へんくわ》である。風地觀《ふうちくわん》の六四が變《へん》じて天地否《てんちひ》に之《ゆ》く時《とき》は、風地觀《ふうちくわん》は本卦《ほんくわ》にして、天地否《てんちひ》は之卦《しくわ》、即《すなは》ち變卦《へんくわ》である。要《えう》するに用卦《ようくわ》は占事《せんじ》とし、下文に委し 互卦《ごくわ》は占事《せんじ》の中間《ちうかん》に應《おう》ずる時《とき》とし、之卦《しくわ》は占事《せんじ》の終《をはり》に應《おう》ずる時《とき》とす。

（二） 體の卦氣

體《たい》の卦氣《くわき》は盛《さかん》なるを宜《よろ》しとす、衰《おとろ》ふるは宜《よろ》しからず。卦氣《くわき》の盛衰《せいすゐ》とは、たとへば、震《しん》と巽《そん》とは春《はる》の卦《くわ》にして、離《り》は夏《なつ》の卦《くわ》なり、兌《だ》と乾《けん》とは秋《あき》の卦《くわ》にして、坎《かん》は冬《ふゆ》の卦《くわ》なり、又坤《またこん》と艮《ごん》とは四季《き》の土用《どよう》の卦《くわ》なり、故《ゆゑ》に春《はる》の占《うらな》ひに震巽《しんそん》を得《え》、夏《なつ》の占《うらな》ひに離《り》を得《え》、秋《あき》の占《うらな》ひに兌乾《だけん》を得《え》、冬《ふゆ》の占《うらな》ひに坎《かん》を得《え》、四季《き》の土用《どよう》の占《うらな》ひに坤艮《こんごん》を得《う》るときは、卦《くわ》氣盛《きさかん》にして宜《よろ》しけれども、之《これ》に反《はん》して春《はる》の占《うらな》ひに坤艮《こんごん》を得《う》る時《とき》は卦氣《くわき》は衰《おとろふ》といはねばならぬ、元來春《ぐわんらいはる》は木《き》なり、坤艮《こんごん》は土《つち》なり、木《き》は土《つち》を剋《こく》し、今得《いまえ》た卦《くわ》は春《はる》の爲《た》めに剋《こく》せらる、故《ゆゑ》に、よろしからず、夏《なつ》の占《うらな》ひに乾兌《けんだ》を得《う》る時《とき》は、卦氣亦衰《くわきまたおとろ》ふなり、委《くは》しく言《い》へば、夏《なつ》は火《ひ》にして、乾兌《けんだ》は金《かね》なり、火《ひ》は金《かね》を剋《こく》し、今得《いまえ》た卦《くわ》は夏《なつ》の爲《た》めに剋《こく》せらる、その他《た》、秋《あき》金に於《おい》て震巽《しんそん》木を得《え》、冬《ふゆ》水に於《おい》て離《り》火を得《え》、四季《き》の土用《どよう》土に於《おい》て坎《かん》を得《う》るは皆衰《みなおとろふ》である。

（三）　體と用、互、之との關係

（い）用卦《ようくわ》、互卦《ごくわ》、之卦《しくわ》より體《たい》を生《しやう》ずるは吉《きち》。
（ろ）用卦《ようくわ》、互卦《ごくわ》、之卦《しくわ》より體《たい》を剋《こく》するは凶《きよう》。
（は）體《たい》と用卦《ようくわ》、互卦《ごくわ》、之卦《しくわ》と互《たがひ》に相比《ひ》和《わ》するは吉《きち》。

(い)用卦《やうくわ》、互卦《ごくわ》、之卦《しくわ》より體《たい》を生《しやう》ずるとは、たとへば、體《たい》が坎《かん》の卦《くわ》である時《とき》に、用《よう》卦《くわ》、又《また》は互卦《ごくわ》、又《また》は之卦《しくわ》が、乾《けん》の卦《くわ》、又《また》は兌《だ》の卦《くわ》である時《とき》は、金生水《きんせいすゐ》とて、用《よう》、又《また》は互《ご》、又《また》は之《し》より體《たい》を生《しやう》ずるのである、今之《いまこれ》を表《へう》に示《しめ》すときは左《さ》の如《ごと》し。

體――坎　用、又は互、又は之――乾、兌

體――離　用、又は互、又は之――震、巽

體――乾、兌金　用、又は互、又は之――坤、艮

體――坤、艮土　用、又は互、又は之――離

體――震、巽　用、又は互、又は之――坎

右《みぎ》の場合《ばあひ》に於《おい》ては、孰《いづ》れも用卦《ようくわ》、又《また》は互卦《ごくわ》、又《また》は之卦《しくわ》が體卦《たいくわ》を生《しやう》ずる故《ゆゑ》に吉《きち》である。

之《これ》に反《はん》して又《また》

體　用、又は互、又は之

坎　坤、艮

離　坎

震、巽　乾、兌

乾、兌　離

坤、艮　震、巽

右《ここ》の場合《ばあひ》に於《おい》ては、孰《いづ》れも用卦《ようくわ》、又《また》は互卦《ごくわ》、又《また》は之卦《しくわ》が體卦《たいくわ》を剋《こく》する故《ゆゑ》に凶《きよう》である。又體《またたい》と用《よう》、互《ご》と之《し》と互《たがひ》に相比知《あひひわ》するとは、體《たい》が坎《かん》なれば用《よう》、互《ご》、之《し》も坎《かん》、體《たい》が離《り》なれば用《よう》、互《ご》、之《し》も亦《また》離《り》といふ如《ごと》くに、兩々相同《りやうりやうあひおな》じきをいふ、これも亦吉《またきち》である。

（四）　本體、用事、朋黨

前節《ぜんせつ》を反復《くりかへ》して更《さ》らに言《い》ひ殘《のこ》したる件々《けんけん》を補《おぎな》ひ説《と》かんに、本體《ほんたい》をば己《おの》れの身《み》と爲《な》し、用卦《ようくわ》をば用事《ようじ》、即《すなは》ち占《うらな》ふべき事項《じかう》と爲《な》し、互卦《ごくわ》をば中間《なかごろ》の應驗《しるし》と爲《な》し、之卦《しくわ》をば最後《さいご》の應驗《しるし》と爲《な》す、それゆゑ用卦吉《ようくわきち》にして、之卦凶《しくわきよう》なる時《とき》は、始《はじ》め吉《きち》にして終《をは》り凶《きよう》、又用《またよう》卦凶《くわきよう》にして之卦吉《しくわきち》なる時《とき》は、始《はじ》め凶《きよう》に、終《をは》りは吉《きち》である、而《そ》して用《よう》より體《たい》を生《しやう》ずる時《とき》は、吉《きち》なれども、體《たい》より用《よう》を生《しやう》ずる時《とき》は、用《よう》は強《つよ》くなるも、體《たい》は弱《よわ》くなるゆゑ凶《きよう》なり、又《また》體《たい》より用《よう》を剋《こく》する時《とき》は吉《きち》なれども、用《よう》より體《たい》を剋《こく》するは甚《はなは》だ宜《よろ》しからず、且《か》つ體《たい》より用《よう》を生《しやう》ずる時《とき》は損耗《そんもう》の患《うれ》ひあり、用《よう》より體《たい》を生《しやう》ずる時《とき》は利達《りたつ》の喜《よろこ》びあり、體用相比《たいようあひひ》和《わ》する時《とき》は諸事大吉《しよじだいきち》である。

又《また》體《たい》にも、用《よう》にも朋黨《ほうたう》ありて、體《たい》の朋黨多《ほうたうおほ》き時《とき》は、體《たい》の勢《いきほひ》は盛《さかん》なれども、若《も》し用《よう》の朋黨多《ほうたうおほ》き時《とき》は、用《よう》の勢《いきほひ》は盛《さかん》なるも、體《たい》の勢《いきほひ》は衰《おとろ》へざるを得《え》ず、たとへば、體《たい》が金《かね》である時《とき》に、互卦《ごくわ》、之卦《しくわ》の内《うち》に金《かね》の卦多《くわおほ》ければ、之《これ》を體《たい》の朋黨多《ほうたうおほ》しといひ、用《よう》が金《かね》である時《とき》に、互卦《ごくわ》、之卦《しくわ》の内《うち》に金《かね》の卦多《くわおほ》ければ、之《これ》を用《よう》の朋黨多《ほうたうおほ》しといふ。

（五）　體用相生相剋等の例外

凡《およ》そ梅花心易《ばいくわしんえき》は、體用《たいよう》の相生相剋等《さうしやうさうこくとう》によりて吉凶《きつきよう》を斷定《だんてい》するを以《もつ》て恒例《かうれい》と爲《な》せども、往々《わう〳〵》其《そ》の例外《れいぐわい》なきにあらず。たとへば第《だい》五十八章《しやう》に載《の》せたる見眞寺《けんしんじ》の額《がく》の占《うらな》ひの如《ごと》きは、山地剝《さんちはく》の卦《くわ》にて體《たい》は艮土《ごんど》に、用《よう》も坤土《こんど》なり。且《か》つ互卦《ごくわ》も坤土《こんど》、之卦《しくわ》も艮土《ごんど》なれば、すべて相比和《あひくわ》するを以《もつ》て、無論吉占《むろんきつせん》なるべし、然《しか》るに之《これ》を不吉《ふきつ》と斷定《だんてい》したるは何故《なにゆゑ》ぞと尋《たづ》ぬるに、當時《たうじ》の寺院《じゐん》は、男子《だんし》のみ居《を》りて女子《ぢよし》の居《を》らぬ場所《ばしよ》であつた、夫《そ》れ男子《だんし》は陽《やう》なり、女子《ぢよし》は陰《いん》なり、然《しか》るに山地剝《さんちはく》の卦《くわ》は、陰《いん》の陽《やう》を剝《はく》する卦《くわ》——即《すなは》ち陰《いん》の陽《やう》を消《せう》する卦《くわ》——なり、それゆゑ女子《ぢよし》の禍《わざはひ》ありと斷定《だんてい》したのである、シテ見《み》れば、單《たん》に體用《たいよう》相生相剋等《さうしやうさうこくとう》の定則《ていそく》にのみ拘泥《かうでい》して、易理《えきり》に暗《くら》き時《とき》は判斷《はんだん》を誤《あやま》ることあり、能《よ》く〱心得《こゝろえ》べきである。

又第《またたい》五十九章《しやう》を觀《み》るに、占《うらな》ひを請《こ》ふ人《ひと》の、今日動靜如何《こんにちどうせいかん》と問《と》ひたる時《とき》、地風升《ちふうしよう》の初《しよ》六を得《え》た。體《たい》は坤土《こんど》、用《よう》は巽木《そんぼく》にして、互卦《ごくわ》は雷澤歸妹《らいたくきまい》、即《すなは》ち震木《しんぼく》と兌金《だきん》とである、又之卦《またしくわ》は地天泰《ちてんたい》、即《すなは》ち坤土《こんど》と乾金《けんきん》とである、依《よつ》て考《かんが》ふるに、用《よう》は勿論體《もちろんたい》を剋《こく》す、其《そ》の他《た》に於《おい》ても、震木《しんぼく》は體《たい》を剋《こく》し、兌金《だきん》、乾金《けんきん》は體《たい》より生《しやう》ぜらる、獨《ひと》り坤土《こんど》のみは體《たい》と相《あひ》比利《ひわ》すれども、一も體《たい》を生《しやう》ずるの卦《くわ》なし、さるに人《ひと》に招待《せうたい》せらるべしと判斷《はんだん》する所以《ゆゑん》は、畢竟兌《ひつきやうだ》の口《くち》あり、又《また》『今日動靜如何《こんにちどうせいかん》』の六字中《じちう》に、『如《ちよ》』の字《じ》と『何《か》』の字《じ》との如《ごと》く、口《くち》の附《つ》く字《じ》兩箇《ふたつ》あり。且つ坤《こん》を腹《はら》と取《と》る。則《すなは》ち口腹《こうふく》の二つに依《よ》りて、饗應《きやうおう》に招《まね》かるゝの兆《てう》としたるならん、委《くは》しくは第《だい》五十九章《しやう》に就《つい》て觀《み》るべし。

又用《またよう》より體《たい》を生《しやう》ぜず、互卦《ごくわ》、之卦《しくわ》より體《たい》を生《しやう》じて吉《きち》なる例《れい》あり、たとへば、第《だい》五十四章《しやう》に載《の》せたる青年喜色《せいねんきしよく》あるの占《うらな》ひを觀《み》るに、當時山火賁《たうじさんくわひ》の六五を得《え》たれば、體《たい》は離《り》火《くわ》、用《よう》は艮土《こんど》ゆゑ、寧《むし》ろ體《たい》より用《よう》を生《しやう》ずれども、用《よう》よりは體《たい》を生《しやう》ぜず、只《た》だ互卦《ごくわ》は雷《らい》水解《すゐかい》にして、坎水《かんすゐ》は體《たい》を剋《こく》すれども、震木《しんぼく》は體《たい》を生《しやう》じ、又之卦《またしくわ》は風火家人《ふうくわかじん》にして、巽《そん》木《ぼく》は體《たい》を生《しやう》じ、離火《りくわ》は體《たい》と相比和《あひひわ》す、而《そ》して吉兆《きつてう》とされた。

又用《またよう》より體《たい》を剋《こく》せず、互卦《ごくわ》、之卦《しくわ》より體《たい》を剋《こく》して凶《きよう》なる例《れい》なり、たとへば、第《だい》五十五章《しやう》に載《の》せたる牛《うし》の哀《かなし》み鳴《な》きたる時《とき》の占《うらな》ひを觀《み》るに、當時地水師《たうじちすゐし》の六三を得《え》たれば、體《たい》は坤土《こんど》、用《よう》は坎水《かんすゐ》にして、體《たい》より用《よう》を剋《こく》すれども、互卦《ごくわ》は地雷復《ちらいふく》にして、震木《しんぼく》は體《たい》を剋《こく》し、之卦《しくわ》も亦地風升《またちふうしよう》にして巽木《そんぼく》は體《たい》を剋《こく》するに依《よ》り、體《たい》と用《よう》とのみの關係《くわんけい》に於《おい》ては吉占《きつせん》に似《に》たれども、互之《ごし》共《とも》に體《たい》を剋《こく》するを以《もつ》て凶占《きようせん》となつたのである。

それのみならず、前《まへ》の青年喜色《せいねんきしよく》の占《うらな》ひに於《おい》ては、啻《たゞ》に互卦《ごくわ》、之卦《しくわ》より體《たい》を生《しやう》ずるのみならず、その得《え》たる爻辭《からじ》を觀《み》るに、『束帛戔々《そくはくさん〳〵》たり。……終《つひ》に吉《きち》なり』山火賁六四とあり此《こ》の語《ご》に據《よ》りて亦吉占《またきつせん》たることを明《あきら》かにすべし。

又牛《またうし》が哀《かなし》み鳴《な》くの占《うらな》ひに於《おい》ては、たとひ用《よう》坎水より體《たい》坤土を尅《こく》せざるも、既《すで》に互卦《ごくわ》震水之卦《しくわ》巽木が體《たい》を尅《こく》する上《うへ》に、その爻辭《からじ》を觀《み》れば、『師或《いくさあるひ》は尸《しかばね》を輿《にな》ふ。凶《きよう》なり』地水師六三とあり、三百八十四爻中《からちう》の第《だい》一流《りう》とか稱《しよう》すべき惡爻《あくかう》である、理《り》を以《もつ》て推《お》すに、豈吉事《あにきつじ》のあるべきいはれあらんや。

第二十八章　當用判斷

凡《およ》そ人々《ひと〴〵》一代《だい》、又《また》は其《そ》の時々《じゞ》の吉凶《きつきよう》を占《うらな》ふには、體卦《たいくわ》を本人《ほんにん》とし、用卦《ようくわ》を吉凶禍福《きつきようくわふく》の應《おう》とす、而《そ》して體《たい》より用《よう》を尅《こく》すれば、何事《なにごと》も吉《きち》なれども、用《よう》より體《たい》を尅《こく》すれば、何《なに》事《こと》も惡《あ》しく、又體《またたい》より用《よう》を生《しやう》ずれば、前章《ぜんしやう》にも述《の》べた如《ごと》く、何事《なにごと》も耗《へ》り失《うしな》ふの患《うれへ》あり、用《よう》より體《たい》を生《しやう》ずれば、進《すゝ》んで益《えき》を得《う》るの喜《よろこ》びあり、體用相比和《たいようあひひわ》すれば、諸事順利《しよじじゆんり》である。

さて用《よう》は勿論《もちろん》の事《こと》、その他互卦《たごくわ》、之卦《しくわ》より體《たい》を生《しやう》ずるは吉《きち》なれども、同《おな》じ吉《きち》の中《うち》にも、其《そ》の體《たい》を生《しやう》ずる卦《くわ》が八卦《くわ》の何《ど》れであるかに依《よ》りて種々《さまざま》である、左《さ》にその大要《たいえう》を記《しる》さん。

(一)體《たい》を生《しやう》ずる卦《くわ》が乾《けん》である時《とき》は、官途《くわんと》に就《つい》て利益《りえき》を得《う》る事《こと》を主《つかさど》る。例《れい》を擧《あ》げて言《い》へば、

(い)官位昇進《くわんゐしようしん》す。

(ろ)功績《かうせき》あるの故《ゆゑ》を以《もつ》て、勳章《くんしやう》を受領《じゆりやう》し、又《また》は賜金《しきん》を得《う》。

(は)學問德望《がくもんとくばう》ある人《ひと》なれば、思《おも》はぬ優遇《いうぐう》を蒙《かう》むる事《こと》あり。

(に)目上《めうへ》の人《ひと》より物《もの》を送《おく》らるゝ事《こと》あり。

(ほ)すべて金錢《きんせん》、又《また》は名譽《めいよ》を得《う》るの喜《よろこ》びあり。
(へ)訴訟事《そしやうごと》あれば必《かな》ず勝《か》つ。
(二)體《たい》を生《しやう》ずる卦《くわ》が坤《こん》である時《とき》は、
(い)田圃《たはた》家屋《かをく》に就《つい》ての喜《よろこ》びあり。
(ろ)田地上《でんちじやう》に就《つい》て財《たから》を得《う》。
(は)鄕里《きやうり》の人《ひと》より財寶《ざいほう》を得《う》。
(に)女子《ぢよし》に關《くわん》して利《り》を得《う》。
(ほ)米麥大豆《こめむぎだいづ》黍粟《きびあは》等《とう》を得《う》。
(へ)絹《きぬ》木綿《もめん》羅紗《らしや》等《とう》を得《う》。
(三)體《たい》を生《しやう》ずる卦《くわ》が震《しん》である時《とき》は、
(い)山林《さんりん》の益《えき》あり。
(ろ)山林《さんりん》に就《つい》て財《ざい》を得《う》。

(は)東方《とうはう》の人《ひと》より財《ざい》を得《う》。

(に)奔走勞力《ほんそうらうりよく》等《とう》に依《よつ》て喜《よろこ》びあり。

(ほ)材木《ざいもく》を賣買《ばいばい》して利《り》あり。

(へ)草木《さうもく》の名《な》を姓氏《せいし》に附《つ》けたる人《ひと》、又《また》は姓氏《せいし》の文字《もんじ》の中《うち》に、草冠《さうかう》か、木《き》ヘンを書《か》きたる人《ひと》に依《よつ》て喜《よろこ》びあり。

(四)體《たい》を生《しやう》ずる卦《くわ》が巽《そん》である時《とき》は、
(い)山林《さんりん》の益《えき》あり。

(ろ)山林《さんりん》に就《つい》て財《ざい》を得《う》。

(は)東南隅《とうなんぐう》より財《ざい》を得《う》。

(に)草木《さうもく》にて利《り》を得《う》。

(ほ)茶《ちや》などの類《るゐ》にて利《り》を得《う》。

(へ)人《ひと》より菓子《くわし》、蔬菜《そさい》などを送《おく》り來《きた》る。

(五)體《たい》を生《しやう》ずる卦《くわ》が坎《かん》である時《とき》は、

(い)北方《ほくはう》より財《ざい》を得《う》。

(ろ)北方《ほくはう》の利《り》を受《う》く。

(は)水邊《すゐへん》の人《ひと》より財《ざい》を得《う》。

(に)水《みづ》の名《な》を姓氏《せいし》に附《つ》けたる人《ひと》、又《また》は姓氏《せいし》の文字《もんじ》の中《うち》に、三水《さんずゐ》の文字《もんじ》ある人《ひと》に依《よつ》て諸事《しよじ》、心《こゝろ》に稱《かな》ふ。

(ほ)魚《うを》、鹽《しほ》、又《また》は酒《さけ》、酢《す》、醬油《しやうゆ》、油《あぶら》の類《るゐ》を販賣《はんばい》して利《り》あり。

(へ)人《ひと》より魚《うを》、鹽《しほ》、酒《さけ》などを送《おく》らる。

(六)體《たい》を生《しやう》ずる卦《くわ》が離《り》である時《とき》は、

(い)南方《なんばう》より財《ざい》を得《う》。

(ろ)文書《ぶんしよ》の喜《よろこ》びあり。

(は)鍛冶《かぢ》などをしてよし。

(に)ヘンか、ツクリに火《ひ》の字《じ》を附《つ》けたる人《ひと》より財《さい》を得《う》。

(ほ)南方《なんぱう》の利《り》を受《う》く。

(へ)瓦斯《がす》、電氣《でんき》の類《るゐ》に依《よつ》て利《り》を得《う》。
(七)體《たい》を生《しやう》ずる卦《くわ》が艮《ごん》である時《とき》は。
(い)東北隅《とうほくぐう》より財《ざい》を得《う》。

(ろ)山《やま》か田《た》の類《るゐ》に就《つい》て喜《よろこ》びあり。

(は)山林《さんりん》、田地《でんち》に就《つい》て財《ざい》を得《う》。

(に)土《つち》ヘンのある姓氏《せいし》を附《つ》けたる人《ひと》より財《ざい》を得《う》。

(ほ)アイウエオ、又《また》はワヰウヱヲ、又《また》はヤイユエヨの内《うち》の聲《こゑ》ある文字《もんじ》を姓氏《せいし》に附《つ》けたる人《ひと》より財《ざい》を得《う》。
(八)體《たい》を生《しやう》ずる卦《くわ》が兌《だ》である時《とき》は、
(ろ)西方《せいはう》より財《ざい》を得《う》るか、又《また》は大《おほい》なる喜《よろこ》びあり。

(ろ)飲食《いんしよく》を人《ひと》に進《すゝ》めらるゝの喜《よろこ》びあり。

(は)金《かね》ヘンのある姓氏《せいし》を附《つ》けたる人《ひと》より財《ざい》を得《う》るか、その他《た》、大《おほい》なるよろこびを受《う》く。

(に)サシスセソの内《うち》の聲《こゑ》ある文字《もんじ》を姓氏《せいし》に附《つ》けたる人《ひと》より財《ざい》を得《う》。

(ほ)主人《しゆじん》となり、若《も》しくは客《きやく》となりて樂《たのし》みあり。

(へ)朋友講習《はういうかうしふ》のよろこびあり。

又用《またよう》は勿論《もちろん》、互卦《ごくわ》、又《また》は之卦《しくわ》より體《たい》を剋《こく》するは凶《きよう》なれども、同《おな》じ凶《きよう》の中《うち》にも、其體《そのたい》を剋《こく》する卦《くわ》が八卦中《くわちう》の何《ど》れであるかに依《よつ》て種々《さま〴〵》である。また左《さ》に其《そ》の大要《たいえう》を擧《あ》げん。

(一)體《たい》を剋《こく》する卦《くわ》が乾《けん》である時《とき》は、

(い)月給生活《げつきふせいくわつ》の人《ひと》は、職《しよく》を免《めん》ぜらるゝの憂《うれひ》あり。

(ろ)一家《か》一門《もん》の憂《うれひ》あり。

(は)財寶《ざいはう》を失《うしな》ふ事《こと》あり。

(に)金銭米穀《きんせんべいこく》に就《つい》て損耗《そんもう》あり。
(ほ)目上《めうへ》の人《ひと》に怒《いか》らるゝことあり。
(へ)罪《つみ》を受《う》くることあり。
(二)體《たい》を剋《こく》する卦《くわ》が坤《こん》である時《とき》は、
(い)田畠《たはた》に就《つい》て憂《うれへ》あり。
(ろ)田畠《たはた》に就《つい》て損失《そんしつ》あり。
(は)目下《めした》の者《もの》より害《がい》を受《う》くることあり。
(に)女難《ぢよなん》あり。
(ほ)布帛《ふはく》に就《つい》て損失《そんしつ》あり。
(へ)米穀麥豆《べいこくむぎまめ》の類《るゐ》に就《つい》て損失《そんしつ》あり。
(三)體《たい》を剋《こく》する卦《くわ》が震《しん》である時《とき》は、
(い)虚《むな》しく驚《おどろ》く事《こと》あり。

(ろ)常《つね》に恐《おそ》るゝこと多《おほ》し。

(は)身心《しんしん》靜《しづ》かなることなし。

(に)邸内《ていない》に妖災《えうさい》を見《み》、又聞《またき》くことあり。

(ほ)草冠《さうかう》、又《また》は木《き》ヘンの文字《もんじ》を姓氏《せいし》に附《つ》けたる人《ひと》に侵《おか》し害《がい》せらるゝことあり。

(へ)山林《さんりん》に就《つい》て損失《そんしつ》あり。

(四)體《たい》を剋《こく》する卦《くわ》が巽《そん》である時《とき》は、

(い)草冠《さうかう》、又《また》は木《き》ヘンの文字《もんじ》を姓氏《せいし》に附《つ》けたる人《ひと》に侵《おか》し害《がい》せらるゝことあり。

(ろ)樹木《じゆもく》の名《な》を姓氏《せいし》に附《つ》けたる人《ひと》に侵《おか》し害《がい》せらるゝことあり。

(は)山林《さんりん》、又《また》は墳墓《ふんぼ》に就《つい》て心配《しんぱい》あり。

(に)何事《なにごと》を企《くはだ》つるにも東南隅《とうなんぐう》を忌《い》む。

(ほ)家《いへ》に居《ゐ》ては女子《ぢよし》の小口厄《せうこうやく》を防《ふせ》ぐべし。

(五)體《たい》を剋《こく》する卦《くわ》が坎《かん》である時《とき》は、

(い)地位《ちゐ》を下《さ》げらるゝ事《こと》あり。
(ろ)貧賤《ひんせん》に陷《おちる》る事《こと》あり。
(は)盜難《たうなん》に遇《あ》ふの惧《おそれ》あり。
(に)冠讐《あたかたき》に遇《あ》ふの惧《おそれ》あり。
(ほ)水邊《すゐへん》の人《ひと》に害《がい》せらるゝことあり。
(へ)酒《さけ》を飲《のん》で禍《わざはひ》を釀《かも》すことあり。
(と)三水《さんずゐ》の附《つ》いた姓氏《せいし》の人《ひと》に害《がい》せらるゝ事《こと》あり。
(ち)北方《ほくはう》の人《ひと》に殃《わざはひ》せらるゝことあり。
(六)體《たい》を剋《こく》する卦《くわ》が離《り》である時《とき》は、
(い)文書《ぶんしよ》に就《つい》て憂《うれへ》あり。
(ろ)火事《くわじ》に驚《おどろ》く事《こと》あり。
(は)南方《なんぱう》より害《がい》を受《う》くる事《こと》あり。

(に)火《ひ》ヘンの附《つ》いた姓氏《せいし》の人《ひと》に害《がい》せらるゝ事《こと》あり。
(ほ)食物《しよくもつ》の乏《とぼ》しき爲《た》めに苦勞《くらう》することあり。
(へ)日射病《につしやびやう》などを豫防《よばう》すべし。
(七)體《たい》を剋《こく》する卦《くわ》が艮《ごん》である時《とき》は、
(い)何事《なにごと》もスラ〳〵と進《すゝ》み難《がた》し。
(ろ)百事半途《ひやくじはんと》にて障碍《しやうがい》を生《しやう》じ易《やす》し。
(は)山林田地《さんりんでんち》に就《つい》て損失《そんしつ》あり。
(に)土《つち》ヘンの附《つ》いた姓氏《せいし》の人《ひと》に侵《おか》し欺《あざむ》かるゝ事《こと》あり。
(ほ)東北隅《とうほくぐう》の禍《わざはひ》を防《ふせ》ぐべし。
(へ)墳墓《ふんぼ》の憂《うれひ》あり。
(と)何事《なにごと》に附《つ》けても兎角安穩《とかくあんおん》を缺《か》く事《こと》あり、愼《つゝし》むべし。
(八)體《たい》を剋《こく》する卦《くわ》が兌《だ》である時《とき》は、

(い)西方《せいはう》の害《がい》あり。
(ろ)口舌《くぜつ》の紛争《ふんさう》あり。
(は)口《くち》ヘンの文字《もんじ》を姓氏《せいし》に附《つ》けたる人《ひと》に侵《おか》し侮《あなど》られ、或《あるひ》は挫《ざ》折《せつ》せらるゝの憂《うれ》ひあり。
(に)飲食《いんしよく》に就《つい》て憂《うれへ》あり。
(ほ)女難《ぢよなん》の惧《おそれ》あり。
(へ)事《こと》の破《やぶ》るゝ惧《おそれ》あり。

(九)占《うらな》ひ得《え》たる卦《くわ》の世爻《せいかう》第八章に委し を観《み》て、その人《ひと》の境遇《きやうぐう》如何《いかん》を知《し》るべし。
(い)世爻《せいかう》が若《も》し妻財爻《さいざいかう》第七章に委し にして、且《か》つ動《うご》くときは、其《そ》の人《ひと》に父母《ふぼ》なきを知《し》るべし。
(ろ)世爻《せいかう》の妻財爻《さいざいかう》が空亡《くうばう》第十章に委し なるときは、その人《ひと》は、年少《としわか》くして父母《ふぼ》に別《わか》れ他家《たけ》に養子《やうし》となつた人《ひと》である。

(は)世爻《せいかう》が兄弟爻《きやうだいかう》第七章に委しにして、且《か》つその得《え》たる卦《くわ》に妻財爻《さいざいかう》がなきときは、其《そ》の人《ひと》は獨身《どくしん》である。

(に)前項《ぜんかう》の場合《ばあひ》に於《おい》て、若《も》し妻財爻《さいざいかう》あるも空亡《くうばう》するときは、妻《つま》は危篤《きとく》の病《やまひ》に陥《おちいる》つて居《ゐ》るのである。

(ほ)世爻《せいかう》が若《も》し父母爻《ふぼかう》にして且《か》つ動《うご》き、殊《こと》に子孫爻《しそんかう》第七章に委しなきか、又《また》はあるも空《くう》亡《ばう》するときは、その人《ひと》には子《こ》がないのである。

(へ)世爻《せいかう》が若《も》し官鬼爻《くわんきかう》第七章に委しにして且《か》つ動《うご》き、その卦《くわ》に兄弟爻《きやうだいかう》なきか、或《あるひ》はあるも空亡《くらばう》するときは、その人《ひと》には兄弟《きやうだい》がないのである。

(一〇)占《うらな》ひ得《え》たる卦《くわ》の下卦《かくわ》を觀《み》て、その人《ひと》の心情如何《しんじやういかん》を知《し》るべし。

(い)下卦《かくわ》が乾《けん》、又《また》は坤《こん》なれば、子《こ》を慈愛《じあい》し、惡《わる》き氣《ぎ》のなき人《ひと》なり。

(ろ)下《か》卦《くわ》が震《しん》なれば、常《つね》に心配《しんぱい》のある人《ひと》なり。
(は)下《か》卦《くわ》が巽《そん》なれば、心《こゝろ》悪《あ》しき人《ひと》なり。
(に)下《か》卦《くわ》が坎《かん》なれば、智《ち》巧《こう》多《おほ》き人《ひと》なり。
(ほ)下《か》卦《くわ》が離《り》なれば、聰明《そうめい》にして善人《ぜんにん》なり。
(へ)下《か》卦《くわ》が艮《ごん》なれば、心《こゝろ》に平易《へいい》なる人《ひと》なり。
(と)下《か》卦《かん》が兌《だ》なれば、常《つね》に喜悦《よろこびおほ》多く且《か》つ言辭《ことば》の巧《たく》みなる人《ひと》なり。

第二十九章　婚姻の占ひ

附　女子の醜美を知る事

凡《およ》そ妻《つま》を娶《めと》り、婿《むこ》を迎《むか》ふるに、男子《だんし》の方《はう》に於《お》いて占《うらな》ふも、女子《ぢよし》の方《はう》に於《お》いて占《うらな》ふも、其《そ》の占《うらな》ひ方《かた》は同《おな》じ。但《たゞ》し男子《だんし》の方《はう》に於《お》いて占《うらな》ふ時《とき》には、體卦《たいくわ》を男子《だんし》と取《と》り、用卦《ようくわ》を婚姻《こんいん》と取《と》るべく、女子《ぢよし》の方《はう》に於《おい》て占《うらな》ふ時《とき》には、體卦《たいくわ》を女子《ぢよし》と取《と》り、用卦《ようくわ》を婚姻《こんいん》と取《と》るべし。

(い)體《たい》より用《よう》を剋《こく》する時《とき》は、婚姻《こんいん》必《かな》らず吉《きち》なり。

(ろ)用《よう》より體《たい》を剋《こく》する時《とき》は、婚姻《こんいん》必《かな》らず凶《きよう》なり。

(は)體《たい》より用《よう》を生《しやう》ずる時《とき》は、婚姻成就《こんいんじやうじゆ》し難《がた》く、たとひ成就《じやうじゆ》するとも、恥《はぢ》を受《う》くる事《こと》あるべし。

(に)又體《またたい》より用《よう》を剋《こく》する時《とき》は、(い)の如《ごと》く、婚姻成就《こんいんじやうじゆ》すべし。然《しか》れども遲《おそ》く成就《じやうじゆ》するであらう。

(ほ)用《よう》より體《たい》を剋《こく》する時《とき》は、婚姻成就《こんいんじやうじゆ》し難《がた》し。たとひ成就《じやうじゆ》するとも、(ろ)の如《ごと》く害《がい》あるべし。

(へ)體用相比和《たいようあひひわ》する時《とき》は、婚姻必《こんいんかな》らず成就《じやうじゆ》すべく、大吉《だいきち》にして繁榮《はんえい》の基《もと》ひとなるべし。

右《みぎ》の外《ほか》に又世應身《またせいおうしん》をも見《み》るべし。此《こ》の場合《ばあひ》に於《おい》ては、世《よ》を男子《だんし》と取《と》り、身應《しんおう》を女子《ぢよし》と取《と》るのである。

(い)世爻《せいかう》と應爻《おうかう》と相比和《あひひわ》するときは大吉《だいきち》なり。

たとへば、水火既濟《すゐくわきせい》の卦《くわ》の如《ごと》く、世爻《せいかう》九三は己亥水《つちのとゐみづ》にして、應爻《おうかう》上六は戊子水《つちのえねみづ》なるときは、二者共《しやども》に水《みづ》にして兄弟《きやうだい》なるの類《るゐ》、之《これ》を世爻《せいかう》と應爻《おうかう》と相比和《あひひわ》するといふ。

(ろ)世《せい》より應《おう》を剋《こく》し、若《も》しくは應《おう》より世《せい》を剋《こく》するときは婚姻成《こんいんな》り難《がた》し。強《しひ》て結婚《けつこん》するとも惡《あ》しヽ。

(は)世《せい》と應《おう》と相生《あひしやう》ずるときは大吉《だいきち》にして、百年偕老《ねんかいらう》の契《ちぎり》を全《まつた》ふすべし。

(に)世爻《せいかう》が若《も》し妻財爻《さいざいかう》であるときは、妻必《つまかな》らず死《し》す。

(ほ)身爻《しんかう》が若《も》し官鬼爻《くわんきかう》であるときは、不吉《ふきつ》にして、傾《かたむ》き亡《ほろ》ぶべし。

(へ)遊魂《いうこん》の卦《くわ》を得《う》るときは、他日離別《たじつりべつ》の悲《かなし》みあるべし。

(と)又世爻《またせいかう》を媒酌《ばいしやく》と取《と》る。而《そ》して世爻《せいかう》が若《も》し陽爻《やうかう》であるときは、媒酌《ばいしやく》は男子《だんし》であることを知《し》るべく、世爻《せいかう》が若《も》し陰爻《いんかう》であるときは、媒酌《ばいしやく》は女子《ぢよし》であることを知《し》るべし。

(ち)若《も》し得《う》る所《ところ》の卦《くわ》が乾《けん》、又《また》は坤《こん》であるときは、婚姻成《こんいんな》らず。强《しひ》て結婚《けつこん》するときは惡《あ》しゝ。

妻《つま》と爲《な》るべき女子《ぢよし》の容貌體格等《ようばうたいかくとう》は如何《いか》にして知《し》り得《う》べきやと尋《たづ》ぬるに、

(い)若《も》し金爻《きんかう》が妻財爻《さいざいかう》であるときは、其《そ》の女子《ぢよし》は美人《びじん》なり。

(ろ)若《も》し木爻《ぼくかう》が妻財爻《さいざいかう》であるときは、其《そ》の女子《ぢよし》は蒲柳《ほりう》の質《しつ》である。

(は)若《も》し土爻《どかう》が妻財爻《さいざいかう》であるときは、其《そ》の女子《ぢよし》は肥滿《ひまん》の人《ひと》である。

(に)若《も》し火爻《くわかう》が妻財爻《さいざいかう》であるときは、其《そ》の女子《ぢよし》は赤毛《あかげ》である。

(ほ)若《も》し水爻《すゐかう》が妻財爻《さいざいかう》であるときは、其《そ》の女子《ぢよし》は聰慧《そうけい》である。

(へ)若《も》し其《そ》の得《え》たる卦《くわ》の中《うち》に於《おい》て、六爻何處《かういづこ》にも子孫爻《しそんかう》がなきときは、たとひ夫《ふう》婦《ふ》の間《あひだ》の愛情《あいじやう》は濃密《こまやか》なりとも、子《こ》を擧《まう》くることなし。

良人《おつと》と爲《な》るべき男子《だんし》の容貌體格等《ようばうたいかくとう》は如何《いか》にして知《し》り得《う》べきやと尋《たづ》ぬるに、

(い)若《も》し金爻《きんかう》が官鬼爻《くわんきかう》であるときは、其《そ》の男子《だんし》は美丈夫《びじやうふ》である。

(ろ)若《も》し木爻《ぼくかう》が官鬼爻《くわんきかう》であるときは、其《そ》の男子《だんし》は瘦軀《やせぎす》である。

(は)若《も》し土爻《どかう》が官鬼爻《くわんきかう》であるときは、其《そ》の男子《だんし》は肥大《ひだい》の人《ひと》である。

(に)若《も》し火爻《くわかう》が官鬼爻《くわんきかう》であるときは、其《そ》の男子《だんし》は赤毛《あかげ》である。

(ほ)若《も》し水爻《すゐかう》が官鬼爻《くわんきかう》であるときは、其《そ》の男子《だんし》は頗《すこぶ》る才子《さいし》である。

第三十章　子の有無を知る法

附　子女の數を知る法

多年夫婦《たねんふうふ》と爲《な》りて同棲《どうせい》するも子《こ》なき人《ひと》あり、此《こ》の類《るゐ》の夫婦《ふうふ》には遂《つひ》に子《こ》なかるべきか。又《また》は久《ひさ》しきを經《へ》て後《のち》に子《こ》を擧《まう》くる者《もの》もあるべきか。之《これ》を占《うらな》ふには、第《だい》十四章《しやう》に述《の》べたる如《ごと》く、年月日《としつきひ》を合《あは》せたる數《すう》を八除《ちよ》し、その殘數《ざんすう》を以《もつ》て上卦《じやうくわ》を作《つく》るべく、次《つぎ》に又此《またこ》の三者《しや》に時《とき》を加《くは》へたる和《わ》を八除《ちよ》し、その殘數《ざんすう》を以《もつ》て下卦《かくわ》を作《つく》るべし。かくて得《え》たる卦《くわ》の六爻中《かうちう》に子孫爻《しそんかう》があるか、なきかを見《み》よ。若《も》し子孫爻《しそんかう》なきか、又《また》は有《あ》りても旬空《じゆんくう》に逢《あ》ふならば、旬空は又空亡ともいふ。第十章に委し結局子《けつきよくこ》なしと知《し》るべし。若《も》し又子孫爻《またしそんかう》ありて、且《か》つ旬空《じゆんくう》に逢《あ》はぬときは、遲《おそ》くとも必《かな》らず子《こ》を擧《まう》くべし。

さて又《また》いよ〳〵子《こ》は有《あ》るものと確定《かくてい》して、さて其《そ》の子《こ》の數《すう》は如何《いかん》と尋《たづ》ぬるに、此《こ》の場合《ばあひ》に於《おい》ては、五行生成《ぎやうせい〳〵》の數《すう》に據《よ》るべし。五行生成《ぎやうせい〳〵》の數《すう》とは、

生數——水一　火二　木三　金四　土五

成數——水六　火七　木八　金九　土十

是《こ》れなり。

そして若《も》し子孫爻《しそんかう》が水《みづ》なれば子《こ》は一人《にん》か、又《また》は六人《にん》あるべし。又子孫爻《またしそんかう》が火《ひ》なれば子《こ》は二人《にん》か、又《また》は七人《にん》あるべし。若《も》し子孫爻《しそんかう》が木《き》なれば、子《こ》は三人《にん》か八人《にん》あるべく、金《きん》なれば四人《にん》か、九人《にん》あるべく、土《ど》なれば、五人《にん》か、十人《にん》あるべしといふ。

或《あるひ》は云《い》ふ。史記《しき》仲尼《ちうじ》弟子《ていし》傳《でん》の正義《せいぎ》が孔子家語《かうしけご》を引《ひい》て言《い》ふ所《ところ》に據《よ》れば、孔夫子《かうふうし》の御《お》弟《で》子《し》たる商瞿《しやうく》は、三十八歳《さい》の時《いき》、倘《な》ほ子《こ》を得《え》なんだれば、姑《しうとめ》は更《さ》らに婦《よめ》を娶《めと》らんと望《のぞ》んだ、けれど孔夫子《かうふうし》は、占《うらな》ひて『將來《しやうらい》五人《にん》の男子《だんし》を擧《あぐ》くべし』といはれた。そして子貢《しかう》の質疑《しつぎ》に對《たい》して、『得《え》た卦《くわ》は山天大畜《さんてんたいちく》である。大畜《たいちく》は艮《ごん》の第《だい》二世卦《せいくわ》なれば、世爻《せいかう》は九二甲《きのえ》寅木《とらき》にて、應爻《おうかう》は六五丙子水《ひのえねみづ》なり。五人《にん》の男兒《だんじ》あるべし』と答《こた》へられた。山天大畜《さんてんたいちく》の卦《くわ》は、第《だい》九章《しやう》に揭《かゝ》げた通《とほ》り、子孫爻《しそんかう》のない卦《くわ》である。さるに孔子《かうし》が五人《にん》の男兒《だんじ》あるべしといはれたのは何故《なにゆゑ》かと。私《わたくし》の考《かんが》では、此《こ》の商瞿《しやうく》の話《はなし》は甚《はなは》だ怪《あやし》むべきものでもあり、殊《こと》に今日《こんにち》の所謂《いはゆる》五行易《ぎやうえき》は、秦火《しんくわい》以後《ご》、漢《かん》の京房等《けいばうら》に始《はじ》まつたものなれば、之《これ》を以《もつ》て秦《しん》火《くわい》以前《ぜん》の易占《えきせん》を律《りつ》せんとするは、聊《いさゝ》か無理《むり》といはねばならぬ。

第三十一章　姙娠の占法

附　男兒か女兒かを察し、又双生兒を知る法

すべて姙娠《にんしん》の占《うらな》ひには、體卦《たいくわ》を母《はゝ》と取《と》り、用卦《ようくわ》を生《う》まるべき兒《こ》と取《と》る、而《そ》して二者《しや》共《とも》に旺《わう》すれば吉《きち》なれども、衰《すゐ》なれば凶《きよう》である、又《また》二者相生《しやさうしやう》するときは吉《きち》なれども、相剋《さうこく》するときは惡《あ》し。且《か》つ

(い)體《たい》より用《よう》を剋《こく》するときは產兒死《さんじし》す。

(ろ)然《しか》れども、若《も》し用卦旺《ようくわわう》なるときは死《し》せず。

(は)用《よう》より體《たい》を剋《こく》するときは母死《はゝし》す。

(に)然《しか》れども、若《も》し體卦旺《たいくわわう》なるときは死《し》せず。

(ほ)用《よう》より體《たい》を生《しやう》ずるときは、分娩申分《ぶんべんまうしぶん》なし。

(へ)體《たい》より用《よう》を生《しやう》ずるときは生兒健全《せいじけんぜん》なり。

(と)體用相比和《たいようあひゝわ》するときは、母子《ぼし》共《とも》に健全《けんぜん》なり。

又《また》一法《ぽふ》あり。

(甲)若《も》し陰暦正月《いんれきしやうぐわつ》に占《うらな》ひて、巳爻《みのかう》第九章を見よ以下倣之が動爻《どうかう》であり、二月《ぐわつ》に占《うらな》ひて酉爻《とりのかう》三月《ぐわつ》に占《うらな》ひて丑爻《うしのかう》、四月巳爻《ぐわつみのかう》、五月酉爻《ぐわつとりのかう》、六月丑爻《ぐわつうしのかう》、七月巳爻《ぐわつみのかう》、八月酉爻《ぐわつとりのかう》、九月丑《ぐわつうしの》爻《かう》、十月巳爻《みのかう》、十一月酉爻《とりのかう》、十二月丑爻《うしのかう》が動爻《どうかう》であるときは、母必《はゝかな》らず死《し》す。

(乙)若《も》し陰暦《いんれき》正月、又は七月に占《うらな》ひて、寅爻《とらのかう》が父母爻《ふぼかう》であるか、又《また》は五月、十一月に占《うらな》ひて、戌爻《いぬのかう》が父母爻《ふぼかう》であるか、或《あるひ》は六月、十二月に占《うらな》ひて、子爻《ねのかう》が父母《ふぼ》爻《かう》であるときは、産婦《さんぷ》は警戒《けいかい》の必要《ひつえう》あり。

但《たゞ》し何《いづ》れの爻《かう》も靜爻《せいかう》なるときは、一切《さい》是《こ》れ等《ら》の憂《うれひ》なし。

(丙)若《も》し又前項《またぜんかう》の如《ごと》く、正月、又《また》は七月に占《うらな》ひて、寅爻《とらのかう》が子孫爻《しそんかう》であるか、五月、十一月に占《うらな》ひて、戌爻《いぬのかう》が子孫爻《しそんかう》であるか、或《あるひ》は六月、十二月に占《うらな》ひて、子爻《ねのかう》、申爻《さるのかう》が子孫爻《しそんかう》であるときは、胎兒《たいじ》、胎《たい》より出《いづ》ることを得《え》ず。

但《たゞ》し下卦《かくわ》が乾《けん》、坎《かん》、離《り》、兌中《だちう》の一つであるときは、その憂《うれひ》なし。

然《しか》らば其《そ》の生《う》まるゝ小兒《せうに》が男兒《だんじ》であるか、將《は》た女兒《ぢよじ》であるかを知《し》るの法《はふ》如何《いかん》。

(答)男女《だんぢよ》を判別《はんべつ》するの法《はふ》は、體《たい》、用《よう》、及《およ》び互卦《ごくわ》、之卦《しくわ》の內《うち》に陽卦《やうくわ》、陽爻《やうかう》が多《おほ》ければ男兒《だんじ》にて、陰卦《いんくわ》、陰爻《いんかう》が多《おほ》ければ女兒《ぢよじ》である、但《たゞ》し若《も》し陰陽同數《いんやうどうすう》なるときは、座中《ざちう》の人《ひと》を數《かぞ》へて、奇數《きすう》なれば男兒《だんじ》、偶數《ぐうすう》なれば女兒《ぢよじ》である。

【陽卦《やうくわ》とは乾震坎艮《けんしんかんごん》の四卦《くわ》をいひ、陰卦《いんくわ》とは坤巽離兌《こんそんりだ》の四卦《くわ》をいふ。】

又《また》(い)若《も》し下卦《かくわ》に子孫爻《しそんかう》あり、而《し》かもその爻《かう》は陽爻《やうかう》にして且《か》つ動爻《どうかう》であるときは、その生《う》まるゝ小兒《せうに》は男子《だんし》である。

例《たと》へば、風山漸《ふうざんぜん》に於《おい》て九三が動《うご》くとき、火水未濟《くわすゐびせい》に於《おい》て九二が動《うご》くとき、天風姤《てんふうこう》に於《おい》て同《おな》じく九二が動《うご》くときの類《るゐ》がそれである。

風山漸

爻	卦	六親
上九	━━━	官鬼
九五	━━━	父母
六四	━ ━	兄弟
九三	━━━ (動)	子孫
六二	━ ━	父母
初六	━ ━	兄弟

動きて風地観に之く

火水未済

爻	卦	六親
上九	━━━	兄弟
六五	━ ━	子孫
九四	━━━	妻財
六三	━ ━	兄弟
九二	━━━ (動)	子孫
初六	━ ━	父母

動きて火地晋に之く

天風姤

爻	卦	六親
上九	━━━	父母
九五	━━━	兄弟
九四	━━━	官鬼
九三	━━━ (動)	兄弟
九二	━━━	子孫
初六	━ ━	父母

動きて天水訟に之く

(ろ)若《も》し雷地豫《らいちよ》の卦《くわ》の如《ごと》く、子孫爻《しそんかう》が陽爻《やうかう》にして、初爻《しよかう》、上爻《じやうかう》、幷《ならび》にその他《た》が皆《みな》陰爻《いんかう》であるときは、陰《いん》が陽《やう》を包《つゝ》む故《ゆゑ》に、産兒《さんじ》は男子《だんし》である。

雷地豫

上六	六五	九四	六三	六二	初六
⚋	⚋	⚊	⚋	⚋	⚋
妻財	官鬼	子孫	兄弟	子孫	妻財

(は)若《も》し離爲火《りゐくわ》の卦《くわ》の如《ごと》く、子孫爻《しそんかう》が陰爻《いんかう》にして、初爻《しよかう》、上爻等《じやうかうとう》の陽爻《やうかう》が之《これ》を包《つゝ》むときは、陽《やう》が陰《いん》を包《つゝ》む故《ゆゑ》に、産兒《さんじ》は女子《ぢよし》である。

離爲火

九上	六五	九四	九三	六二	初九
⚊	⚋	⚊	⚊	⚋	⚊
兄弟	子孫	妻財	官鬼	子孫	父母

(に)又《また》八卦《くわ》三畫《くわく》を以《もつ》て占《うらな》ふの法《はふ》あり。此《こ》の法《はふ》に據《よ》れば、夫《おつと》の年齢《ねんれい》を上爻《じやうかう》と定《さだ》め、

妻《つま》の年齢《ねんれい》を以《もつ》て下《か》爻《かう》と定《さだ》め、第《だい》二爻《かう》、即《すなは》ち中爻《ちうかう》を以《もつ》て胎兒《たいじ》と定《さだ》む、たとへば、夫《おつと》は二十八歳《さい》にして、妻《つま》は二十歳《さい》なるときは、二十八を三除《ぢよ》すれば一を餘《あま》す、一は奇數《きすう》ゆえ陽爻《やうかう》と取《と》る、又《また》二十を三除《ぢよ》すれば二を餘《あま》す、偶數《ぐうすう》ゆえ陰爻《いんかう》と取《と》る、又受胎《またじゆたい》の月《つき》を六月とするときは偶數《ぐうすう》ゆえ又陰爻《またいんかう》と取《と》る、即《すなは》ち ☶ にして艮卦《ごんくわ》である、而《し》かも艮《ごん》は陽卦《やうくわ》ゆえ、胎兒《たいじ》の男子《だんし》であることを知《し》るべし。

又夫《またおつと》は二十一歳《さい》にして、妻《つま》は十九歳《さい》であるときは、二十一を三除《ぢよ》すれば、餘數《よすう》なきゆえ、三とす、奇數《きすう》ゆえに陽爻《やうかう》と取《と》る、又《また》十九を三除《ぢよ》するときは、一を餘《あま》す、これも奇數《きすう》ゆえに陽爻《やうかう》と取《と》る、而《そ》して受胎《じゆたい》の月《つき》は四月であるときは、偶數《ぐうすう》と取《と》る、これを排列《はいれい》するときは ☲ 即《すなは》ち離卦《りくわ》である、而《し》かも離《り》は陰卦《いんくわ》ゆえ、胎《たい》兒《じ》の女兒《ぢよじ》であることを知《し》るべし、餘《よ》は推《お》して知《し》るべし、萬一此《まんいちこ》の定則《ていそく》に違《たが》ひて生《う》まるゝときは、その子《こ》は夭死《わかじに》するといふ、是《こ》れ亦《また》一法《はふ》なれば、茲《こゝ》に載《の》せて參《さん》考《かう》に供《きよう》す。

又《また》分娩《ぶんべん》の期日《きじつ》を知《し》るには、

(い)用卦《ようくわ》が何《なん》の卦《くわ》であるかに依《よ》るべし。たとへば、乾《けん》なれば一日《にち》、坤《こん》なれば八日《か》目《め》の類《るゐ》是《こ》れなり。

(ろ)若《も》し山地《さんち》剝《はく》、水雷屯《すゐらいちゆん》、火澤睽《くわたくけい》、天澤履《てんたくり》等《とう》の如《ごと》く、世爻《せいかう》が子孫爻であるときは一日《にち》の猶豫《いうよ》もなく分娩《ぶんべん》す。

双生兒《ふたご》を知《し》る法《はふ》、

(い)若《も》し山水蒙《さんすゐもう》、天水訟《てんすゐしやう》、天火同人《てんくわどうじん》、雷水解《らいすゐかい》等《とう》の諸卦《しよくわ》の如《ごと》く、全卦《ぜんくわ》六爻《かう》の中《うち》に子《し》孫爻《そんかう》が二つあるは、双生兒《ふたご》を分娩《ぶんべん》するの兆候《てうこう》である。

(ろ)若《も》しその子孫爻《しそんかう》が、火風鼎《くわふうてい》、火山旅《くわさんりよ》等の如《ごと》く、兩爻共《りやうかうとも》に陰爻《いんかう》であるときは、二兒《じ》孰《いづ》れも女子《ぢよし》たるの兆候《てうこう》である。

(は)若《も》し又《また》その子孫爻《しそんかう》が天水訟《てんすゐしやう》の卦《くわ》の如《ごと》く、兩《ふた》つながら陽爻《やうかう》であるときは、二兒《じ》孰《いづ》れも男子《だんし》たるの兆候《てうこう》である。

(に)又火水未濟《またくわすゐびせい》、風水渙等《ふうすゐくわんとう》の如《ごと》く、その子孫爻《しそんかう》が一は陽爻《やうかう》、一は陰爻《いんかう》であるときは、一は男兒《だんじ》、一は女兒《ぢよじ》たるの兆候《てうこう》である。

(ほ)又《また》その兩爻《りやうかう》共《とも》に當時旺《たうじわう》であるときは、二兒《じ》共《とも》に健康《けんかう》である。

(へ)若《も》し一は旺《わう》、一は死《し》であるときは、一兒《じ》は健全《けんぜん》に、一兒《じ》は死《し》す。

第三十二章　求職—俸給生活

凡《およ》そ俸給生活《ほうきふせいくわつ》を爲《な》す人《ひと》には、官公吏《くわんこうり》あり、敎員《けうゐん》あり、會社員等《くわいしやゐんとう》あり、又《また》その收入《しうにふ》にも多《おほ》きあり、寡《すくな》きありて一様《やう》ならねど、之《これ》を希望《きばう》する趣《おもむ》きは大同小異《だいどうせうい》なれば、玆《こゝ》に一括《くわつ》して其《そ》の占法《せんぱふ》を述《の》べん。

孰《いづ》れにもせよ、之《これ》を占《うらな》ふには、求職者《きうしよくしや》を體《たい》とし、其《そ》の職《しよく》を用《よう》とすべし、

(い)體《たい》より用《よう》を剋《こく》するときは、希望成就《きばうじやうじゆ》することを得《う》、さりながら長引《ながび》くべし。

(ろ)用《よう》より體《たい》を剋《こく》するときは、到底《たうてい》その望《のぞ》みを遂《と》ぐることを得《え》ず、縱《よ》しや萬《まん》一遂《とげ》げ得《う》るとも、却《かへつ》て害《がい》あり。

(は)體《たい》より用《よう》を生《しやう》ずるときは、たとひ心《こころ》を千々《ちぢ》に碎《くだ》くとも、勞《らう》多《おほ》くして功少《こうすく》なし。

(に)用《よう》より體《たい》を生《しやう》ずるときは、心《こころ》を勞《らう》せずして願望成就《ぐわんまうじやうじゆ》すべし。

(ほ)體用相比和《たいようあひしわ》するときは、願望《ぐわんまう》、意《い》の如《ごと》くに叶《かな》ふべし。

第三十三章　實業

實業《じつげふ》には、農工商大小種々《のうこうしやうだいせうしゆじゆ》あれど、これも一例《れい》として商家日常《しやうかにちじやう》の賣買《ばいばい》を擧《あ》ぐ、他《た》は推《お》して知《し》るべし。

商家《しやうか》に於《お》いて賣《う》れ行《ゆ》きの如何《いかん》を占《うらな》ふには、亦前章《またぜんしやう》と同《おな》じく、商家自身《しやうかじしん》を體《たい》とし、賣《う》れ行《ゆ》き如何《いかん》を用《よう》とすべし。

(い)體《たい》より用《よう》を生《しやう》ずるときは、賣《う》れ行《ゆ》きよし、又仕入《またしい》るゝも宜《よろ》し、さりながら何方《いづち》も長引《ながび》くべし。

(ろ)用《よう》より體《たい》を生《しやう》ずるときは、賣《う》れ行《ゆ》き、又《また》は仕入《しい》れ共《ども》によろしかるべし。

(は)體《たい》より用《よう》を剋《こく》するときは、賣《う》れ行《ゆ》き、仕入《しい》れ共《ども》に見込《みこ》みなし、たとひ成就《じやうじゆ》するとも損失《そんしつ》を免《まぬ》かれ難《がた》し。

(に)用《よう》より體《たい》を剋《こく》するときは、賣《う》れ行《ゆ》き、仕入《しい》れ共《ども》に上首尾《じやうしゆび》なり。

(ほ)體用相比和《たいようあひひわ》するときは、賣《う》れ行《ゆ》き、仕入《しい》れ共《とも》に着々運《ちやく〳〵はこ》ぶべし。

(へ)又妻財爻《またさいざいかう》より世爻《せいかう》、身爻《しんかう》を剋《こく》するときはよし。

(と)世爻《せいかう》、身爻《しんかう》、旺相《わうしやう》に在《あ》りて妻財爻《さいざいかう》と比和《ひわ》するときは頗《すこぶ》るよし。

第三十四章　一攫萬金

世《よ》の奢侈《しやし》に赴《おもむ》くと、物價《ぶつか》の逐日騰貴《ちくじつとうき》するとに伴《つ》れて、細《ほそ》き利得《りとく》にては、たとひ稼《かせ》ぐも貧乏《びんばう》に追及《おひつ》き難《がた》きの惧《おそ》れあり、隨《したがつ》て株式又《かぶしきまた》は米穀《べいこく》の相場賣買《さうばばいばい》、その他《た》冒險事業《ばうけんじげふ》に手《て》を出《だ》さんとする者少《ものすく》なからず、一攫萬金《いつくわくまんきん》の快味《くわいみ》は固《もと》より忘《わす》れ難《がた》かるべきも、往々《わう／＼》之《これ》が爲《た》めに非常《ひじやう》の失敗《しつぱい》を來《き》たし、家產《かさん》を蕩盡《たうじん》して、饑餓《きが》に苦《くるし》むの慘狀《さんじやう》は、笑止《せうし》といふも愚《おろ》かなり、それゆえ本章《ほんしやう》に於《おい》ては、これらの冒險事業《ばうけんじげふ》に着手《ちやくしゆ》するに先《さきだ》ちて心得《こゝろえ》べき占法《せんぱふ》を掲《かゝ》げんとす、是《こ》れ亦同胞《またどうはう》を愛《あい》するの微衷《びちう》である。

(い)凡《およ》そ此《こ》の種《しゆ》の事業《じげふ》に着手《ちやくしゆ》せんと欲《ほつ》する者《もの》は、體卦《たいくわ》を自己《じこ》と取《と》り、用卦《ようくわ》を目的《もくてき》の事物《じぶつ》と取《と》るべし。

(ろ)そして體《たい》より用《よう》を剋《こく》するときは、必《かな》らず目的《もくてき》を達《たつ》し得《う》べし。

(は)用《よう》より體《たい》を剋《こく》するときは、目的《もくてき》を達《たつ》すること能《あた》はず。

(に)體《たい》より用《よう》を生《しやう》ずるときは、たとひ目的《もくてき》を達《たつ》するとも、遂《つひ》に損失《そんしつ》を免《まぬ》かれず。

(ほ)用《よう》より體《たい》を生《しやう》ずるときは、目的《もくてき》を達《たつ》し、トン／＼拍子《べうし》に、隆盛《りうせい》の域《いき》に進《すゝ》むことを得《う》べし。

(へ)體用相比《たいようあひ》和《わ》するときは、意《い》の如《ごと》くに目的物《もくてきぶつ》を獲《う》べし。

勝敗損得《しようはいそんとく》の日《ひ》を知《し》らんと思《おも》はゞ左《さ》の法《はふ》に據《よ》るべし。

(い)目的《もくてき》を達《たつ》し、目的物《もくてきぶつ》を獲《う》べきの日《ひ》は何日《いつ》なりやと尋《たづ》ぬるに、體《たい》を生《しやう》ずる卦《くわ》の時日《じじつ》が則《すなは》ちその日《ひ》である。

たとへば、山水蒙《さんすゐもう》䷃の初《しよ》六を得《え》たりとするときは、體《たい》は上卦《じやうくわ》の艮土《ごんど》である、そして體《たい》を生《しやう》ずる卦《くわ》は離《り》の卦《くわ》であるべし、今第《いまだい》十三章《しやう》を觀《み》るに、離《り》の卦《くわ》の年月日時《ねんげつじつじ》は午《うま》なれば、目的《もくてき》を達《たつ》し、目的物《もくてきぶつ》を獲《う》べきの日《ひ》は午《うま》の日《ひ》なることを知《し》るべし。

又若《またも》し天雷无妄《てんらいむばう》䷘の九五を得《え》たりとするときは、體《たい》は下卦《かくわ》の震木《しんもく》であるそして體《たい》を生《しやう》ずる卦《くわ》は坎《かん》の卦《くわ》である、今坎《いまかん》の年月日時《ねんげつじつじ》は子《ね》なるに依《よ》り、目的《もくてき》を達《たつ》し、目的物《もくてきぶつ》を獲《う》べきの日《ひ》は子《ね》の日《ひ》なることを知《し》るべし、餘《よ》は皆之《みなこれ》に傚《なら》へ。

(ろ)目的《もくてき》を達《たつ》すること能《あた》はず、目的物《もくてきぶつ》を獲《う》ること能《あた》はざるの日《ひ》は何日《いつ》なりやと尋《たづ》ぬるに、體《たい》を剋《こく》する卦《くわ》の時日《じじつ》が則《すなは》ちその日《ひ》である。

たとへば澤火革《たくくわかく》䷰の九四を得《え》たりとせんに、體《たい》は下卦《かくわ》の離火《りくわ》である、そして體《たい》を剋《こく》する卦《くわ》は坎水《かんすゐ》である、今坎《いまかん》の年月日時《ねんげつじつじ》は子《ね》なるに依《よ》り、子《ね》の日《ひ》には、目的《もくてき》を達《たつ》すること能《あた》はず、目的物《もくてきぶつ》を獲《う》ること能《あた》はざるものと知《し》るべし、餘《よ》は亦皆《またみな》これに傚《なら》へ。

又《また》一法《ぱふ》あり。

(い)世爻《せいかう》、又《また》は應爻《おうかう》が官鬼《くわんき》、又《また》は妻財《さいざい》なるときは目的《もくてき》を達《たつ》し易《やす》し。

(ろ)卦中《くわちう》に妻財爻《さいざいかう》なきときは、目的《もくてき》を達《たつ》し難《かた》し。

(は)官鬼爻《くわんきかう》が動《うご》きて妻財爻《さいざいかう》に變《へん》ずるときは、大吉《だいきち》、思《おも》ひの儘《まゝ》に利《り》を得《う》べし。

(に)妻財爻《さいざいかう》が動《うご》きて官鬼爻《くわんきかう》に變《へん》ずるときは、大凶《だいきやう》である。

(ほ)妻財爻《さいざいかう》より世爻《せいかう》を剋《こく》するときは、一攫萬金《くわくまんきん》の利《り》あり。

(へ)世爻《せいかう》より妻財爻《さいざいかう》を剋《こく》するときは、決《けつ》して目的《もくてき》を達《たつ》すること能《あた》はず。

(と)妻財爻《さいざいかう》が下卦《かくわ》に在《あ》りて動《うご》くときは目的《もくてき》を達《たつ》し易《やす》し。

(ち)世爻《せいかう》と應爻《おうかう》と相生《さうしやう》するときは大《おほい》によろし。

(り)妻財爻《さいざいかう》と子孫爻《しそんかう》と相生《さうしやう》するときも亦頗《またすこぶ》る吉《きち》なり。

(ぬ)上卦《じやうくわ》より下卦《かくわ》を剋《こく》し、且《か》つ旺相《わうしやう》なるときは吉《きち》にして利《り》あり。

(る)之《これ》に反《はん》して、下卦《かくわ》より上卦《じやうくわ》を剋《こく》するときは、兎角故障《とかくこしやう》ありて速《すみやか》に果敢取《はかど》りがたし。


其他《そのた》數理《すうり》の變動規定法《へんどうきていはふ》あれ共《ど》も他日《たじつ》に讓《ゆづ》る。

第三十五章　衣食住

(第一) 衣　服

衣服《いふく》を調整《てうせい》せんと思《おも》はゞ、前《まへ》にも述《の》べた通《とほ》り、丈數《じやうすう》を上卦《じやうくわ》と取《と》り、尺數《しやくすう》を下卦《かくわ》と取《と》るべし、此《こ》の場合《ばあひ》に於《おい》ては、寸數《すんすう》は捨《す》てゝ用《もち》ひず、又丈數《またじやうすう》のみにて尺數《しやくすう》なきときは、その丈數《じやうすう》を二つに分《いか》ちて上卦《じやうくわ》、下卦《かくわ》とす、又丈數《またじやうすう》なく、只《た》だ尺數《しやくすう》、寸數《すんすう》のみなるときは、尺數《しやくすう》を上卦《じやうくわ》と取《と》り、寸數《すんすう》を下卦《かくわ》と取《と》るべし、そして第《だい》二十二章《しやう》の如《ごと》くするも固《もと》より差支《さしつかへ》なけれども、他《た》に又《また》一法《ぱふ》あり。

(い)體《たい》を自己《じこ》とし、用《よう》を衣服《いふく》とし、體《たい》より用《よう》を剋《こく》するときは、吉《きち》

(ろ)用《よう》より體《たい》を剋《こく》するときは凶《きよう》。

(は)體《たい》より用《よう》を生《しやう》ずるときは、その衣服《いふく》の爲《た》めに身體《しんたい》、若《も》しくは財産上《ざいさんじやう》に害《がい》を受《う》くることあるべし。

(に)用《よう》より體《たい》を生《しやう》ずるときは、意外《いぐわい》の利益《りえき》、又《また》は身分《みぶん》の向上《かうじやう》する事《こと》あるべし。

(ほ)體用相比和《たいようあひひわ》するときは、平穏《へいおん》なり。

(へ)體《たい》を生《しやう》じ、又《また》は剋《こく》する卦《くわ》が、八卦《くわ》の何《ど》れかに依《よつ》て聊《いさゝ》か相違《さうゐ》あり、第《だい》二十八章《しやう》

と相參照《あひさんせう》すべし。

（第二）飲　食

均《ひと》しく飲食《いんしよく》といひても、日常生活《にちじやうせいくわつ》に必要《ひつえう》なる飲食《いんしよく》の意《い》と、快樂《くわいらく》の爲《た》めに要《えう》する飲食《いんしよく》の意《い》との別《べつ》あり、何《いづ》れにもせよ、左《さ》の諸項《しよかう》を應用《おうよう》することを得《う》べし。

（い）すべて飲食《いんしよく》の占《うらな》ひには、體《たい》を自己《じこ》とし、用《よう》を飲食《いんしよく》とす、そして體《たい》より用《よう》を生《しやう》ずるときは、飲食《いんしよく》を得《え》がたし。

（ろ）用《よう》より體《たい》を生《しやう》ずるときは、飲食必《いんしよくかなら》ず豐富《ほうふ》である。

（は）體《たい》より用《よう》を剋《こく》するときは、飲食《いんしよく》はありといへども、何《なに》か故障《こしやう》ありて口《くち》に入《い》り難《がた》し。

（に）用《よう》より體《たい》を剋《こく》するときは、飲食《いんしよく》なし。

（ほ）體用相比和《たいようあひひわ》するときは、飲食豐富《いんしよくほうふ》にして、十分《ぶん》の滿足《まんぞく》を得《う》べし。

（へ）坎《かん》を酒《さけ》と取《と》り、兌《だ》を食物《しよくもつ》と取《と》る、故《ゆゑ》に卦中《くわちう》に坎《かん》あれば、酒《さけ》あり、兌《だ》あれば食《しよく》あり、若《も》し二卦共《くわども》になければ、酒食共《しゆしよくども》になしと知《し》るべし。

(と)坎《かん》の卦《くわ》より體《たい》を生《しやう》ずるときは、酒《さけ》に盈《み》ちて酔《よ》ふを得《う》べく、兌《だ》の卦《くわ》より體《たい》を生《しやう》ずるときは、食物多《しよくもつおほ》くして飽《あ》くを得《う》べし、且《か》つ何物《なにもの》を食《しよく》するを知《し》らんと思《おも》はゞ第《だい》十三章《しやう》と相參考《あひさんかう》すべし、乃《すなは》ち

乾《けん》――乾燥物《かんさうぶつ》、辛辣物《からきもの》、馬肉《ばにく》、珍味《ちんみ》、果物《くだもの》、圓《まる》き物等《ものとう》。

坤《こん》――牛肉《ぎうにく》、甘味《かんみ》、五穀《ごこく》、薯諸《いも》、筍《たけのこ》、臟腑《ざうふ》の類等《るゐとう》。

震《しん》――菜蔬《さいそ》、鮮肉《せんにく》、酸《す》き果物等《くだものとう》。

巽《そん》――菜蔬《さいそ》、雞肉《けいにく》、酸味《さんみ》、果物等《くだものゝとう》。

坎《かん》――酒《さけ》、冷《つめた》き物《もの》、豚肉《とんにく》、海産物《かいさんぶつ》、吸《す》ひ物《もの》、骨多《ほねおほ》き品《しな》、酸味等《さんみとう》。

離《り》――雉肉《きぢのにく》、脯《ひもの》、熱肉《ねつにく》、烹《に》、又《また》は焼《や》きたる物等《ものとう》。

艮《ごん》――獸肉《じうにく》、土中《どちう》の物等《ものとう》。

兌《だ》――羊肉《ひつじのにく》、澤中《さはのなか》の物《もの》、辛《から》き物等《ものとう》。

(第三) 住宅

住宅《ぢうたく》を占《うらな》ふには、體《たい》を自己《じこ》と取《と》り、用《よう》を住宅《ぢうたく》と取《と》るべし、而《そ》して
(い)體《たい》より用《よう》を生《しやう》ずるときは、損失《そんしつ》を蒙《かう》むるか、又《また》は盜難《たうなん》に罹《かゝ》ることあり。

(ろ)用《よう》より體《たい》を生《しやう》ずるときは、人《ひと》より物《もの》を受《う》くるか、又《また》は何事《なにごと》も發展《はてん》の喜《よろこ》びあり。

(は)體《たい》より用《よう》を剋《こく》するときは吉《きち》。

(に)用《よう》より體《たい》を剋《こく》するときは凶《きよう》。

(ほ)體用《たいよう》相比和《あひひわ》するときは安全幸福《あんぜんかうふく》である。

(へ)體《たい》を生《しやう》じ、又《また》は剋《こく》する卦《くわ》が、八卦《くわ》の何《ど》れであるかに依《よつ》て聊《いさゝ》か相違《さうゐ》あり、第《だい》二十八章《しやう》と相參考《あひさんかう》すべし。


又《また》一法《ぱふ》あり。

(い)住宅《ぢうたく》の占《うらな》ひは、左《さ》の如《ごと》くに取《と》る。

初爻井《しよかうゐど》、二爻竈《かうかまど》、三爻床席《かうゆかせき》、四爻門戸《かうもんこ》、五爻人《かうひと》、上爻棟宇《じやうかうとうう》、又《また》は牆壁《かきかべ》。

(ろ)乾《けん》、師《し》、否《ひ》、噬嗑《ぜいかう》、遯《とん》、明夷《めいゐ》、姤《こう》、井《せい》、歸妹《きまい》、小過《せうくわ》等《とう》の如《ごと》く、第《だい》四爻《かう》が官鬼《くわんき》爻《かう》であるときは、勤向《つとめむき》に就《つい》て紛議《ふんぎ》動搖《どうえう》あり。

(は)家人《かじん》、益《えき》等《とう》の如《ごと》く、第《だい》二爻《かう》家人又は第《だい》三爻《かう》益が世爻《せいかう》であるときは、大吉《だいきち》である。

(に)履《り》、恒《かう》等《とう》の如《ごと》く、第《だい》三爻《かう》、第《だい》四爻《かう》が世爻《せいかう》であるときは吉《きち》、但《たゞ》し恒《つね》を守《まも》るべし。

(ほ)水澤節《すゐたくせつ》などの如《ごと》く、世爻《せいかう》より應爻《おうかう》を剋《こく》するときは大凶《だいきよう》である。

(へ)雷地豫《らいちよ》などの如《ごと》く、世爻《せいかう》、應爻《おうかう》相生《さうしやう》するときは、近《ちか》き未來《みらい》に於《おい》て幸福《かうふく》を受《う》くべし。

【雷地豫《らいちよ》の世爻《せいかう》は、初六《しよ》乙未土《きのとひつじつち》にして、應爻《おうかう》は九四庚午火《かのえうまひ》、即《すなは》ち九四は初六《しよ》を生《しやう》ずるのである。】

(と)螣蛇《とうだ》、第十二章參看が木爻《もくかう》に在《あ》るときは、其《そ》の家《いへ》に縊死《くびれし》する者《もの》ありといふ。

(ち)玄武《げんぶ》、同一が身爻《しんかう》に在《あ》るときは、其《そ》の家《いへ》に水死《すゐし》する者《もの》ありといふ。

(り)官鬼《くわんき》が火爻《くわかう》に在《あ》るときは、其《そ》の家《いへ》に眼疾《めのやまひ》を患《うれ》ふる者《もの》ありといふ。

又《また》ト筮全書《ぼくせいせんしよ》の説《せつ》に據《よ》れば、上卦《じやうくわ》を人《ひと》と取《と》り、下卦《かくわ》を家《いへ》と取《と》る、而して

(ぬ)上卦《じやうくわ》より下卦《かくわ》を剋《こく》するときは、常《つね》に改築増築等《かいちくぞうちくとう》の事《こと》あり。

(る)下卦《かくわ》より上卦《じやうくわ》を剋《こく》するときは、其《そ》の家《いへ》に年々歳々病人《ねん〳〵さい〳〵びやうにん》絶《た》えず。

(を)上卦旺《じやうくわわう》なれば、その家《いへ》に人多《ひとおほ》し。

(わ)下卦旺《かくわわう》なれば家屋多《かをくおほ》し。

(か)若《も》し占《うらな》ひて遊魂《いうこん》の卦《くわ》を得《う》るときは、住所定《ぢうしよさだ》まらずして、常《つね》に居《きよ》を移《うつ》さんとするの事《こと》あり。

第三十六章　移轉の占法

轉宅《てんたく》を占《うらな》ふには、體卦《たいくわ》を主人《しゆじん》と取《と》り、用卦《ようくわ》を移轉先《いてんさき》の家《いへ》と取《と》る、而《そ》して體卦《たいくわ》より用卦《ようくわ》を剋《こく》するときは、移轉《いてん》して吉《きち》なれども、用卦《ようくわ》より體卦《たいくわ》を剋《こく》するときは、移轉《いてん》する

は宜《よろ》しからず、體《たい》より用《よう》を生《しやう》ずるときは、財産減少《ざいさんげんせう》するの患《うれひ》あり。用《よう》より體《たい》を生《しやう》ずるときは、門戸《もんこ》盛《さか》んなるに至《いた》るべし、體用相比和《たいようあひひわ》するときは、おのづから安全《あんぜん》である、若《も》し官鬼爻《くわんきから》が動爻《どうから》であるときは決《けつ》して移轉《いてん》すべからず、強《しひ》て移轉《いてん》するときは必《かな》らず惡《あ》しゝ、世爻《せいかう》が空亡《くうばう》に遇《あ》ふときも亦然《またしか》り、下卦《かくわ》が休《きう》第十一章に委しにして、上卦《じやうくわ》が旺《わう》であるときは、移轉《いてん》して終《をわり》に吉《きち》なり、たとへば立春《りつしゆん》の頃《ころ》に占《うらな》ひて雷水解《らいすゐかい》の卦《くわ》を得《う》るが如《ごと》きはそれである、他《た》は之《これ》に倣《なら》ふべし。

又下卦《またかくわ》が旺《わう》にして、上卦《じやうくわ》が休《きう》であるときは、移轉《いてん》して必《かな》らず凶《きよう》なり、たとへば、立《りつ》春《しゆん》の頃《ころ》の占《うらな》ひに水雷屯《すゐらいちゆん》の卦《くわ》を得《う》るが如《ごと》きは、それである、他《た》は之《これ》に倣《なら》ふべし。

要《えう》するに、下卦《かくわ》が旺相《わうしやう》であるときは、移轉《いてん》せずして從來《じうらい》の宅《たく》に住《ぢう》する方《はう》が宜《よろ》しく、又上卦《またじやうくわ》が旺相《わうしやう》であるときは移住《いぢう》して宜《よろ》し、又相生《またさうしやう》するは吉《きち》なれども、相剋《さうこく》するは凶《きよう》なり、遊魂《いうこん》の卦《くわ》に遇《あ》ふときは移轉《いてん》して吉《きち》なれども、歸魂《きこん》の卦《くわ》に遇《あ》ふときは凶《きよう》なり、下卦《かくわ》三爻《かう》の中《うち》に空亡《くうばう》あれば移轉《いてん》して吉《きち》なれども、上卦三爻《じやうくわかう》の中《うち》に空亡《くうばう》あるときは、居《きよ》を移《うつ》すに宜《よろ》しからず、又上卦下卦相生《またじやうくわかくわさうしやう》して共《とも》に有氣《うき》なれば去《さ》るも留《とゞ》まるも共《とも》に宜《よろ》しく、何《いづ》れの方面《はうめん》に移轉《いてん》するも毫《すこし》も妨《さまた》げなきなり。

第三十七章　外出の可否

古來《こらい》『敷居《しきゐ》を跨《また》げば七人《にん》の敵《かたき》あり』といふ俚諺《ことわざ》さへありて、外出《ぐわいしゆつ》は等閑《おろそか》にすべきものにあらず、況《ま》して現代《げんだい》の如《ごと》く、電車《でんしや》あり、自働車《じどうしや》あり、馬車《ばしや》あり、自轉車《じてんしや》あり、馬《うま》あり、腕車《じんりきしや》などあり、加之《おまけ》に人心《じんしん》の甚《はなは》だしき世《よ》の中《なか》に於《おい》ては、居住地《きよぢうち》といへども危險《きけん》なしといふを得《え》ず、殊《こと》に汽車《きしや》に乗《の》りて旅行《りよかう》を爲《な》し、飛行機《ひかうき》に乗《の》りて中天《ちうてん》に昇《のぼ》るに於《おい》てをや。

すべて外出《ぐわいしゆつ》を占《うらな》ふには、體《たい》を外出《ぐわいしゆつ》すべき本人《ほんにん》と取《と》り、用《よう》を往《ゆ》く先《さ》きの場所《ばしよ》とす。

（い）體《たい》より用《よう》を剋《こく》するときは、何處《いづこ》に往《ゆ》くも事々《ことごと》意《い》の如《ごと》くに行《おこな》はる。

（ろ）用《よう》より體《たい》を剋《こく》するときは、事常《ことつね》に心《こゝろ》と反《はん》するに依《よ》り、思《おも》ひ止《とゞ》まるべし。強《しひ》て外出《ぐわいしゆつ》するときは災害《さいがい》あり。

(は)體《たい》より用《よう》を生《しやう》ずるときは、外出《ぐわいしゆつ》して損耗《そんもう》あり。

(に)用《よう》より體《たい》を生《しやう》ずるときは、外出《ぐわいしゆつ》して吉《きち》、意外《いぐわい》の利益《りえき》を受《う》くべし。

(ほ)體用相比和《たいようあひひわ》するときは、何處《いづこ》に往《ゆ》くも快事多《くわいじおほ》し。

(へ)體《たい》は旺《わう》なるを以《もつ》てよしとす。

(と)體《たい》が若《も》し乾《けん》の卦《くわ》、又《また》は震《しん》の卦《くわ》なるときは、動《うご》くの象《しやう》とす、若《も》し坤《こん》の卦《くわ》、又《また》は艮《ごん》の卦《くわ》たるときは、動《うご》くこと能《あた》はざるの象《しやう》とす、若《も》し離《り》の卦《くわ》なるときは陸行《りくかう》を宜《よろ》しとし、巽《そん》の卦《くわ》なるときは舟行《しうかう》を宜《よろ》しとす、兌《だ》の卦《くわ》なるときは、途中《とちう》に於《おい》て爭《あらそ》ひを生《しやう》ずるの象《しやう》あり、能《よ》く〳〵愼《つゝし》むべし、坎《かん》の卦《くわ》なるときは、災難《さいなん》に逢《あ》ふの象《しやう》あり。

又《また》一法《ぱふ》に云《い》ふ。

(ち)世爻《せいかう》が若《も》し水《みづ》なるときは、東北《とうほく》寅丑又《また》は西南《せいなん》申未の方《はう》に往《ゆ》くべからず、惡《あ》しゝ。

(り)世爻《せいかう》が若《も》し火《ひ》なるときは、北方《ほくはう》に往《ゆ》くべからず、悪《あ》し。

(ぬ)世爻《せいかう》が若《も》し木《き》なるときは、西方《せいはう》に往《ゆ》くべからず、悪《あ》し。

(る)世爻《せいかう》が若《も》し金《きん》なるときは、南方《なんぱう》に往《ゆ》くべからず、悪《あ》し。

(を)世爻《せいかう》が若《も》し土《つち》なるときは、東方《とうはう》に往《ゆ》くべからず、悪《あ》し。

(わ)世爻《せいかう》が若《も》し旬空《じゆんくう》なるときは、外出《ぐわいしゆつ》を思《おも》ひ止《とゞ》まるべし、强《しひ》て往《ゆ》くときは、骨折《ほねをり》損《ぞん》の草臥儲《くたびれまう》けとなりて歸宅《きたく》すべし。

(か)さりながら本人《ほんにん》の織業《しよくげふ》に因《よ》りて相違《さうゐ》あり、例《たと》へば、商業用《しやうげふよう》に往《ゆ》く人《ひと》は甚《はなは》だ凶《きよう》なれども、學者文士藝術家《がくしやぶんしげいじゆつか》の類《るゐ》なれば寧《むし》ろ吉《きち》にして利《り》あり、殊《こと》に子孫爻《しそんかう》に在《あ》れば最《もつと》も妙《みやう》なり。

第三十八章　訪問の可否

他人《たにん》を訪問《はうもん》する事《こと》も、亦《また》忽諸《ゆるがせ》に附《ふ》すべき事《こと》にあらず、さて訪問《はうもん》の可否《かひ》を占《うらな》ふには、體《たい》を訪問《はうもん》に出掛《でか》ける本人《ほんにん》と取《と》り、用《よう》を訪問《はうもん》せらるべき先方《せんばう》の人《ひと》と取《と》るべし、そして

(い)體《たい》より用《よう》を剋《こく》するときは吉《きち》なり、宜《よろ》しく訪問《はうもん》すべし。

(ろ)用《よう》より體《たい》を剋《こく》するときは凶《きよう》なり、訪問《はうもん》を見合《みあ》はすべし。

(は)體《たい》より用《よう》を生《しやう》ずるときは、折角訪問《せつかくはうもん》するも面會《めんくわい》を謝絶《しやぜつ》せらるべく、且《か》つ強《しひ》て面會《めんくわい》するとも無益《むえき》なるべし。

(に)用《よう》より體《たい》を生《しやう》ずるときは、面會《めんくわい》を得《う》べし、殊《こと》に利益《りえき》なり。

(に)體用相比和《たいようあひひわ》するときは、面會《めんくわい》して相悦《あひよろこ》び、双方共《さうはうとも》に福利《ふくり》を受《う》くべし。

卜筮元龜《ぼくぜいげんき》に云《い》ふ。

(へ)上卦《じやうくわ》、下卦《かくわ》相生《あひしやう》ずれば大吉《だいきち》、下卦《かくわ》より上卦《じやうくわ》を剋《こく》すれば半吉《はんきち》、世爻《せいかう》より應爻《おうかう》、又《また》は官鬼爻《くわんきかう》を剋《こく》すれば凶《きよう》なり。

海底眼《かいていがん》に云《い》ふ。

(と)訪問《はうもん》の可否《かひ》を占《うらな》ふは、上卦《じやうくわ》に據《よ》るべし、上卦《じやうくわ》が陽《やう》なれば、面會《めんくわい》して吉《きち》なれども、若《も》し陰《いん》なれば、凶《きよう》なり、面會《めんくわい》すべからず。

(ち)さりながら上卦《じやうくわ》の陰爻《いんかう》が若《も》し變《へん》じて陽卦《やうくわ》となるときは、二度目《どめ》に面會《めんくわい》すべし。

第三十九章　待人の占法

待人《まちびと》には二樣《やう》あり、(第《だい》一)外國《ぐわいこく》に渡航《とかう》したる人《ひと》、又《また》は內地《ないち》にても、他鄉他縣《たきやうたけん》に旅行《りよかう》したる人《ひと》の歸《かへ》るを待《ま》つときは、その渡航《とかう》、旅行《りよかう》したる人《ひと》は則《すなは》ち待人《まちびと》なり、又《また》(第《だい》二)用《よう》事《じ》、目的《もくてき》ありて、他處《よそ》の人《ひと》の來《きた》るを待《ま》つときは、その他所《よそ》の人《ひと》は則《すなは》ち待人《まちびと》なり、しかしながら何《いづ》れにもせよ、占法《せんぱふ》は則《すなは》ち同《おな》じ事《こと》である。

此《こ》の場合《ばあひ》に於《おい》ては、又例《またれい》の通《とほ》り、體《たい》を自己《じこ》と取《と》り、用《よう》を待人《まちびと》と取《と》る、そして

(い)體《たい》より用《よう》を剋《こく》するときは、待人歸《まちびとかへ》るか、又尋《またたづ》ね來《きた》れども遲《おそ》し。

(ろ)用《よう》より體《たい》を剋《こく》するときは、待人歸《まちびとかへ》らず、又尋《またたづ》ね來《きた》らず。

(は)體《たい》より用《よう》を生《しやう》ずるときは、待人《まちびと》いまだ歸《かへ》らず、いまだ尋《たづ》ね來《きて》らず。

(に)用《よう》より體《たい》を生《しやう》ずるときは、直《ぢき》に歸《かへ》り、且《か》つ尋《たづ》ね來《きた》る。

(ほ)體用相比和《たいようあひひわ》するときは、近《ちか》き未來《みらい》に於《おい》て必《かな》らず歸《かへ》るべく、又尋《またたづ》ね來《きた》るべし。

以上《いじやう》は、待人《まちびと》を待《ま》つ方《はう》の側《がは》より言《い》ひたるものなれど、若《も》し待人《まちびと》の側《がは》より占《うらな》ふときは左《さ》の如《ごと》し。

(へ)若《も》し用卦《ようくわ》が旺《わう》にして、且《か》つ相生《さうしやう》するときは、外國又《ぐわいこくまた》は他郷《たきやう》に在《あ》りて幸福愉快《かうふくゆくわい》である。

(と)若《も》し用卦《ようくわ》が衰《する》にして、且《か》つ相剋《さうこく》するときは、外國、又《ぐわいこくまた》は他郷《たきやう》に在《あ》りて禍《わざはひ》あり。

(ち)若《も》し震《しん》の卦多《くわおほ》きときは不安《ふあん》である。

(り)若《も》し坎《かん》の卦多《くわおほ》きときは、險難《けんなん》に陷《おちい》るの懼《おそ》れあり。

(ぬ)若《も》し兌《だ》の卦多《くわおほ》きときは、爭論《さうろん》あり。

(る)若《も》し艮《ごん》の卦《くわ》多《おほ》きときは、故障《こしやう》あり。

又《また》一法《はふ》に云《い》ふ、世爻《せいかう》を待人《まちびと》の身體《しんたい》と取《と》り、應爻《おうかう》を其《そ》の足《あし》と取《と》る、そして

(を)世爻《せいかう》、又《また》は應爻動《おうかうしご》くときは、待人速《まちびとすみや》かに歸《かへ》り、又《また》は速《すみや》かに來《きた》るべし。

(わ)世爻《せいかう》が若《も》し官鬼《くわんき》であるときは、待人居所《まちびとゐどころ》を離《はな》るゝことを得《え》ず。

(か)三爻《かう》、又《また》は四爻《かう》が動爻《どうかう》であるときは、待人立《まちびとたち》どころに歸《かへ》り、又《また》は來《きた》るべし。

天玄賦《てんげんふ》に云《い》ふ。

(よ)父母《ふぼ》を待《ま》つときは父母爻《ふぼかう》を觀《み》るべし。

(た)子孫《しそん》を待《ま》つときは子孫爻《しそんかう》を觀《み》るべし。

(れ)兄弟《きやうだい》、又《また》は朋友《ほういう》を待《ま》つときは兄弟爻《きやうだいかう》を觀《み》るべし。

(そ)奴僕《どぼく》、隸屬《れいぞく》を待《ま》つときは、亦子孫爻《またしそんかう》を觀《み》るべし。

(つ)孰《いづ》れにもせよ、吉神《きつしん》が之《これ》に臨《のぞ》むときは吉《きち》なれども、凶神《きようしん》が之《これ》に臨《のぞ》むときは凶《きよう》なり。

(ね)應爻《おうかう》が動《うご》きて世爻《せいかう》を剋《こく》するときは、待人歸《まちびとかへ》らず、又來《またきた》らず。

(な)若《も》し世爻《せいかう》が應爻《おうかう》を生《しやう》ずるか、又《また》は之《これ》を剋《こく》するときは、待人《まちびと》は未《いま》だ歸《かへ》らず、又《また》未《いま》だ來《きた》らず。

(ら)若《も》し應爻《おうかう》が世爻《せいかう》を生《しやう》ずるか、又《また》は之《これ》を剋《こく》するときは、待人《まちびと》は未《いま》だ動《うご》かざるも、既《すで》に歸《かへ》らんと欲《ほつ》し、又來《まてきた》らんと欲《ほつ》するのである。

又歸期《またきし》、若《もし》くは來期《らいき》を知《し》らんと思《おも》はゞ、左《さ》の法《はふ》に據《よ》るべし。

(む)若《も》し動爻《どうかう》が水《みづ》であらば、庚辛《かのえかのと》の日《ひ》、幷《ならび》に亥子《ゐね》の日《ひ》に歸《かへ》り、又《また》は來《きた》る。

(う)若《も》し動爻《どうかう》が火《ひ》であらば、甲乙《きのえきのと》の日《ひ》、幷《ならび》に巳午《みうま》の日《ひ》に歸《かへ》り、又《また》は來《きた》る。

(ゐ)若《も》し動爻《どうかう》が木《き》であらば、壬癸《みづのえみづのと》の日《ひ》、幷《ならび》に寅卯《とらう》の日《ひ》に歸《かへ》り、又《また》は來《きた》る。

(の)若《も》し動爻《どうかう》が金《かね》であらば、戊己《つちのえつちのと》の日《ひ》、幷《ならび》に申酉《さるとり》の日《ひ》に歸《かへ》り、又《また》は來《きた》る。

(お)若《も》し動爻《どうかう》が土《つち》であらば、丙丁《ひのえひのと》の日《ひ》、幷《ならび》に辰未戌丑《たつひつじいぬうし》の日《ひ》に歸《かへ》り、又《また》は來《きた》る。

第四十章　消息有無の占法

凡《およ》そ距離《きより》の遠近《ゑんきん》を問《と》はず、無論外國《むろんぐわいこく》と內地《ないち》とに論《ろん》なく、消息《たより》の有無《うむ》を占《うらな》ふには、體《たい》卦《くわ》を自己《じこ》と取《と》り、用卦《ようくわ》を消息《たより》と取《と》るべし、そして

(い)體《たい》より用《よう》を生《しやう》ずるときは消息《たより》あり。

(ろ)用《よう》より體《たい》を生《しやう》ずるときは立《たち》どころに消息《たより》あり。

(は)體《たい》より用《よう》を剋《こく》するときは、消息《たより》あれども遲《おそ》し。

(に)用《よう》より體《たい》を剋《こく》するときは、消息《たより》なし。

(ほ)體用相比和《ていようさうひわ》するときは、意外《いぐわい》に速《はや》く消息《たより》あり。

或《あるひ》は云《い》ふ。

(へ)乾《けん》、坤《こん》、兌《だ》の三卦《くわ》を得《う》るときは、孰《いづ》れも消息《たより》なし。

(と)震《しん》の卦《くわ》を得《う》るときは、消息《たより》今《いま》途中《とちう》に在《あ》り。

(ち)坎《かん》の卦《くわ》を得《う》るときは、消息《たより》絶《た》えるなり。
(り)艮《ごん》の卦《くわ》を得《う》るときは、消息《たより》立《たち》どころに到《いた》る。
(ぬ)巽《そん》の卦《くわ》を得《う》るときは、消息《たより》を爲《な》さんと思《おも》ふも、半信半疑《はんしんはんぎ》にて未《いま》だ着手《ちやくしゆ》せず。
(る)離《り》の卦《くわ》を得《う》るときは、消息《たより》あり。
又一法《またいつぱふ》。
下卦《かくわ》を自己《じこ》と取《と》り、上卦《じやうくわ》を消息《たより》と取《と》る、そして
(を)下卦《かくわ》に動爻《どうかう》あるときは消息《たより》なし。
(わ)上卦《じやうくわ》に動爻《どうかう》あるときは、消息《たより》立《たち》どころに來《きた》る。

第四十一章　失踪者の占法

此《こ》の占《うらな》ひに於《おい》ては、世爻《せいかう》を自己《じこ》とし、應爻《おうかう》を失踪者《しつさうしや》とす、又下卦《またかくわ》を自己《じこ》と取《と》り、上《じやう》

卦《くわ》を失踪者《しつさうしや》と取《と》る、そして

(い)世爻《せいかう》より應爻《おうかう》を剋《こく》するときは、失踪者《しつさうしや》斷《だん》として逃亡《たうばう》することを得《え》ず。

(ろ)飛神《ひしん》と、伏神《ふくしん》と 第九章參照 相剋《あひこく》するときは、失踪者《しつさうしや》決《けつ》して歸《かへ》り來《きた》ることなし。

(は)世爻《せいかう》、應爻《おうかう》相比和《あひひわ》するか、又《また》は下卦《かくわ》、上卦《じやうくわ》相比和《あひひわ》するときは、我《わ》れ百方《さまぐ》に手《て》を竭《つく》さゞるも、失踪者《しつさうしや》おのづから歸《かへ》り來《きた》るべし。

(に)動爻《どうかう》上卦《じやうくわ》に在《あ》るときは、失踪者《しつさうしや》遠《とほ》く走《はし》り去《さ》つて搜索《さうさく》するも決《けつ》して益《えき》なし。

(ほ)用神動《ようじんうご》かざるときは、亦搜索《またさつさく》するも益《えき》なし。

【用神《ようしん》とは、失踪者《しつさうしや》若《も》し父母《ふぼ》なるときは、父母爻《ふぼかう》をいひ、兄弟《きやうだい》、又《また》は朋友《ほういう》なるときは兄弟爻《きやうだいかう》をいひ、妻又《つままた》は奴婢《どひ》なるときは妻財爻《さいざいかう》をいふ。】

第四十二章　盜賊被害の占法

此《こ》の占《うらな》ひは、重大《ちうだい》の占《うらな》ひにて、些《すこし》たりとも誤占《ごせん》あるときは、無辜《むこ》の人《ひと》を疑《うたが》ひ、寃罪《えんざい》を蒙《かうむ》らしむるの惧《おそれ》あるが故《ゆゑ》に、最《もつと》も愼重《しんちよう》にせざるべからず、而《そ》して盗《ぬす》まれたる金銭物《きんせんぶつ》品《ぴん》が再《ふたゝ》び我《わ》が手《て》に復《もど》るべきや否《いな》やは、次章《じしやう》の紛失物《ふんしつぶつ》と略《ほゞ》同《おな》しきが故《ゆゑ》に、之《これ》を次章《じしやう》に讓《ゆづ》り、その他《た》の點《てん》に於《おい》て言《い》へば左《さ》の如《ごと》し。

(い)若《も》し官鬼《くわんき》の爻《かう》が水爻《すゐかう》なるときは、北方《ほくはう》の人《ひと》が盗《ぬす》みて西方《どうよう》に隠《かく》す。

(ろ)若《も》し官鬼《くわんき》の爻《かう》が火爻《くわかう》なるときは、南方《なんはう》の人《ひと》が盗《ぬす》みて東方《とうよう》に隠《かく》す。

(は)若《も》し官鬼《くわんき》の爻《かう》が木爻《もくかう》なるときは、東方《とうはう》の人《ひと》が盗《ぬす》みて北方《ほくはう》に隠《かく》す。

(に)若《も》し官鬼《くわんき》の爻《かう》が金爻《きんかう》なるときは、西方《せいはう》の人《ひと》、又《また》は戌亥《いぬゐ》の方《はう》の人《ひと》が盗《ぬす》みて未申《ひつじさる》の方《はう》に隠《かく》す。

(ほ)若《も》し官鬼《くわんき》の爻《かう》が土爻《どかう》なるときは、未申《ひつじさる》の方《はう》の人《ひと》か、又《また》は丑寅《うしとら》の方《はう》の人《ひと》が盗《ぬす》みて南方《なんばう》に隠《かく》す。

さらば其《そ》の盗賊《たうぞく》は何處《いづく》の方《はう》に逃去《にげさ》りやといふに、

(へ)上卦《じやうくわ》が乾《けん》なるときは、西北《にしきた》に逃《に》げ去《さ》る。

(と)上卦《じやうくわ》が震《しん》なるときは、東方《とうはう》に逃《に》ぐ、さりながら遠《とほ》く逃《に》げ去《さ》ること能《あた》はずして、林中《りんちう》、叉《また》は社樹《しやじゆ》の間《あひだ》に隱《かく》る。

(ち)上卦《じやうくわ》が坎《かん》なるときは、北方《きた》に逃《に》げて、船中《ふねのなか》に隱《かく》る。

(り)上卦《じやうくわ》が艮《ごん》なるときは、東北方《ひがしきた》に逃《に》げて山野深林《さんやしんりん》の中《うち》に隱《かく》る。

(ぬ)上卦《じやうくわ》が坤《こん》なるときは、西南方《にしみなみ》に逃《に》げ去《さ》れども、行《ゆ》くこと遠《とほ》からず。

(る)上卦《じやうくわ》が巽《そん》なるときは、辰巳《たつみ》の方《はう》に逃《に》げ去《こ》る。

(を)上卦《じやうくわ》が離《り》なるときは、南方《みなみ》に逃《に》ぐ。

(わ)上卦《じやうくわ》が兌《だ》なるときは、西方《にし》に逃《に》げて漁夫《れうし》の家《いへ》に隱《かく》る。

さらば、何者《なにもの》が盜《ぬす》みたりや、何時頃《いつころ》盜《ぬす》みたりや、叉盜《またぬす》まれたる物品《ぶつぴん》は何《なに》なりや、果《はた》して盜賊《たうぞく》の所爲《しよゐ》なりやといふに。

(か)初爻《しよかう》が官鬼《くわんき》であるときは、盜賊《たうぞく》は家《いへ》の中《うち》に在《あ》り。

(よ)二爻《かう》が官鬼《くわんき》であるときは、隣家《りんか》の者《もの》が盗《ぬす》んだのである。

(た)六爻《かう》の中《うち》に官鬼《くわんき》なきときは、盗賊《たうぞく》の所爲《しよゐ》にあらず、おのづから紛失《ふんしつ》したのである。

(れ)世爻《せいかう》より應爻《おうかう》を生《しやう》ずるときは、亦《また》竊《ぬす》まれたるにあらず。

(そ)動爻《どうかう》が子孫爻《しそんかう》であるときは、贓品《ざうひん》再《ふたゝ》び我《わ》が手《て》に復《もど》るべし。

(つ)妻財爻《さいざいかう》が金《きん》に屬《ぞく》するときは、金銀《きん〲》の類《るゐ》を盗《ぬす》まるべし。

(ね)妻財爻《さいざいかう》が水《みづ》に屬《ぞく》するときは、珠玉《しゆぎよく》水晶《すゐしやう》の類《るゐ》、又《また》は酒樽《さかだる》、魚肉《ぎよにく》の類《るゐ》を盗《ぬす》まるべし。

(な)妻財爻《さいざいかう》が木《き》に屬《ぞく》するときは、木竹器《きたけのうつは》、皿《さら》の類《るゐ》、又《また》は紙《かみ》、漆《うるし》、茶《ちや》、布《ぬの》の類《るゐ》を盗《ぬす》まるべし。

(ら)妻財爻《さいざいかう》が火《ひ》に屬《ぞく》するときは、毛布《まうふ》、絹帛《きぬ》の類《るゐ》を盗《ぬす》まるべし。

(む)妻財爻《さいざいかう》が土《ど》に屬《ぞく》するときは、米穀等《べいこくとう》の類《るゐ》を盗《ぬす》まるべし。

(う)官鬼爻《くわんきかう》が若《も》し陽爻《やうかう》であるときは、盜賊《たうぞく》は白晝《はくちう》に來《きた》るべし。

(ゐ)官鬼爻《くわんきかう》が若《も》し陰爻《いんかう》であるときは、盜賊《たうぞく》は夜陰《やいん》に來《きた》るべし。

(の)官鬼《くわんき》の陰爻《いんかう》が陽爻《やうかう》に變《へん》ずるときは、盜賊《たうぞく》は夜來《よるきた》りて晝退《ひるしりぞ》くべく、陽爻《やうかう》が陰爻《いんかう》に變《へん》ずるときは、晝來《ひるきた》りて夜退《よるしりぞ》くべし。

第四十三章　紛失物の占法

昔《むかし》より『七《なゝ》たび尋《たづ》ねて他人《ひと》を疑《うたが》へ』といふ俚諺《ことわざ》あり、凡《およ》そ紛失物《ふんしつぶつ》がありたればとて、猥《みだ》りに他人《ひと》を疑《うたが》ふべきものにあらず、之《これ》を占《うらな》ふに當《あた》りても、念《ねん》に念《ねん》を入《い》れて誤占《うらなひそこなひ》のなきやうにすべし、誤占《うらなひそこなひ》をするときは、往々《わう〱》他人《ひと》に寃罪《えんざい》を被《かう》むらせ、又《また》は他人《ひと》と間隙《なかたがひ》を生《しやう》ずることあり、能《よ》く〱愼《つゝし》むべきである。

さて紛失物《ふんしつぶつ》の占《うらな》ひには、體卦《たいくわ》を自己《じこ》と取《と》り、用卦《ようくわ》を紛失物《ふんしつぶつ》と取《と》る、而《そ》して

(い)體《たい》より用《よう》を生《しやう》ずるときは、紛失物出《ふんしつぶつい》で難《がた》し。

(ろ)用《よう》より體《たい》を生《しやう》ずるときは、捜索《さうさく》し易《やす》く、且《か》つ捜索《さうさく》するときは出《い》づべし。

(は)體《たい》より用《よう》を剋《こく》するときは、捜索《さうさく》すれば出《い》づべし、然《しか》れども遲《おそ》し。

(に)用《よう》より體《たい》を剋《こく》するときは、捜索《さうさく》するも益《えき》なし。

(ほ)體用相比和《たいようあひわ》するときは、紛失物決《ふんしつぶつけつ》して紛失《ふんしつ》したるにあらず、置《お》き場所《ばしよ》を忘却《わす》れたのであるゆえ、決《けつ》して捜索《さうさく》せざるも、間《ま》もなく出《い》づべし。

又紛失物《またふんしつぶつ》のある場所《ばしよ》は何處《いづく》ぞといふに、此《こ》の占《うらな》ひに於《おい》ては、之卦《しくわ》に依《よ》りて之《これ》を知《し》るべし、たとへば

(へ)若《も》し之卦《しくわ》が乾《けん》の卦《くわ》であるときは、紛失物《ふんしつぶつ》は戌亥《いぬゐ》西北の方《はう》に在《あ》るべし。且《か》つ大厦《たいか》高樓《かうろう》、又《また》は高《たか》き地《ち》、若《も》くは金石《きんせき》の傍《かたはら》、又圓《またまる》き器物《きぶつ》の中《なか》に在《あ》るべし。

(と)若《も》し之卦《しくわ》が震《しん》の卦《くわ》であるときは、東方《ひがし》を捜索《さうさく》すべし、且《か》つ山林草野《さんりんさうや》、又《また》は大《だい》

路《ろ》の傍《かたはら》に在《あ》るか、若《もし》くは市場《いちば》の如《ごと》き雑沓《ざつたう》の場所《ばしよ》か、左《さ》なくば鐘《かね》、太鼓《たいこ》所在地《しよざいち》の傍《かたはら》に在《あ》るべし。

(ち)若《も》し之卦《しくわ》が坎《かん》の卦《くわ》であるときは、北方《きた》を捜索《さうさく》すべし、而《そ》して概《おほむ》ね水邊《すゐへん》に在《あ》るべし、さもなければ、谿谷《たに》、泉《いづみ》、井《ゐど》、沼《ぬま》、溝《みぞ》の邊《へん》に在《あ》るか、又《また》は酒《さけ》、醤油《しやうゆ》の所《しよ》在地《ざいち》、魚鹽《うをしほ》の場所《ばしよ》を尋《たづ》ねて可《か》なり。

(り)若《も》し之卦《しくわ》が艮《ごん》の卦《くわ》であるときは、丑寅《うしとら》の方《かた》東北隅を捜索《さうさく》すべし、而《そ》して門内《もんない》、又《また》は近《ちか》き路傍《ろばう》か、山林《さんりん》、土穴《どけつ》、巖石《がんせき》の内《うち》に隠《かく》しあらん。

(ぬ)若《も》し之卦《しくわ》が坤《こん》の卦《くわ》であるときは、未申《ひつじさる》の方《かた》西南を捜索《さうさく》すべし、多分倉庫《たぶんさうこ》か、田《でん》野《や》、又《また》は穀菜所在《こくさいしよざい》の地《ち》、地窖《あなぐら》、地下室《ちかしつ》の如《ごと》き場所《ばしよ》か、さもなくば四角《しかく》なる器《うつは》の内《うち》か、茶碗《ちやわん》、皿《さら》、鉢《はち》の中《なか》に在《あ》らん。

(る)若《も》し之卦《しくわ》が巽《そん》の卦《くわ》であるときは、辰巳《たつみ》の方《かた》東南を捜索《さうさく》すべし、山林《さんりん》、寺院《じゐん》、又《また》は菜圃《さいほ》、花園《くわゑん》、又《また》は舟車《ふねくるま》の間《あひだ》か、箱桶《はこをけ》の内《うち》に在《あ》らん。

(を)若《も》し之《し》卦《くわ》が離《り》の卦《くわ》であるときは、南方《みなみ》を捜索《さうさく》すべし、明窓《あかりまど》の邊《へん》、又《また》は竈《かまど》、爐《ろ》、煖爐《ストーブ》の傍《そば》、文書《ぶんしよ》の棚《たな》、穴《あな》の中《なか》、臺所《だいどころ》、又烟火《またえんくわ》の地《ち》に在《あ》らん。

(わ)若《も》し之《し》卦《くわ》が兌《だ》の卦《くわ》であるときは、西方《にし》を捜索《さつさく》すべし。住宅《ぢうたく》の周圍《まわり》、又《また》は破《や》れ垣《がき》、破《や》れ壁《かべ》、廢井《はいせい》、廢池《はいち》、缺《か》けたる沼《ぬま》の中《なか》に在《あ》らん。

又之《またこれ》を五行《ぎやう》に依《よつ》て占《うらな》ふに、

(か)若《も》し動爻《どうかう》が子孫爻《しそんかう》であるときは、紛失物《ふんしつぶつ》は、決《けつ》して紛失《ふんしつ》したるにあらず、もと在《あ》りたる場所《ばしよ》に行《ゆ》きて捜索《さうさく》すべし。

(よ)若《も》し官鬼爻《くわんきかう》が寅卯《とらう》に屬《ぞく》するときは、東方《ひがし》を捜索《さうさく》すべし。

(た)若《も》し官鬼爻《くわんきかう》が申酉《さるとり》に屬《ぞく》するときは、西方《にし》を捜索《さうさく》すべし。

(れ)若《も》し官鬼爻《くわんきかう》が亥子《ゐね》に屬《ぞく》するときは、北方《きた》を捜索《さうさく》すべし。

(そ)若《も》し官鬼爻《くわんきかう》が巳午《みうま》に屬《ぞく》するときは、南方《みなみ》を捜索《さうさく》すべし。

(つ)若《も》し官鬼爻《くわんきかう》が丑辰未戌《うしたつひつじいぬ》に屬《ぞく》するときは、四隅《よすみ》を捜索《さうさく》すべし。

(ね)若《も》し初爻《しよかう》が官鬼《くわんき》であるときは、紛失物《ふんしつぶつ》は布帛《ふはく》である。

(な)若《も》し二爻《かう》が官鬼《くわんき》であるときは、紛失物《ふんしつぶつ》は細絹《ほそぎぬ》である。

(ら)若《も》し三爻《かう》が官鬼《くわんき》であるときは、紛失物《ふんしつぶつ》は綾羅《りようら》である。

(む)若《も》し四爻《かう》が官鬼《くわんき》であるときは、紛失物《ふんしつぶつ》は銅鐵《どうてつ》である。

(う)若《も》し五爻《かう》が官鬼《くわんき》であるときは、紛失物《ふんしつぶつ》は金銀《きんぎん》である。

(ゐ)若《も》し上爻《じやうかう》が官鬼《くわんき》であるときは、紛失物《ふんしつぶつ》は珠玉《しゆぎよく》である。

(の)若《も》し官鬼《くわんき》が動《うご》きて妻財《さいざい》に變《へん》ずるときは、紛失物《ふんしつぶつ》は遠《とほ》く行《ゆ》かず、急《きふ》に捜索《さうさく》するに宜《よろ》しとす。

(お)若《も》し妻財《さいざい》が動《うご》きて官鬼《くわんき》に變《へん》ずるときは、紛失物《ふんしつぶつ》は到底出《たうていい》でず。


卜筮元龜《ぼくぜいげんき》に云《い》ふ。

妻財爻《さいざいかう》が下卦《かくわ》に在《あ》るときは、紛失物《ふんしつぶつ》は我《わ》が家內《かない》に在《あ》り、妻財爻《さいざいかう》が動《うご》きて官鬼爻《くわんきかう》に變《へん》ずるときは、紛失物《ふんしつぶつ》は盜《ぬす》まれたのである、官鬼爻《くわんきかう》が下卦《かくわ》に在《あ》りて動《うご》くときは、盗賊《たうぞく》は親近《しんきん》の人《ひと》である。或《あるひ》は家内《かない》に在《あ》るべし、官鬼爻《くわんきかう》が上爻《じやうかう》に在《あ》りて動《うご》くときは、盗賊《たうぞく》は旣《すで》に遠《とほ》く去《さ》つた、若《も》し追及《おひつ》きて取返《とりかへ》さんと欲《ほつ》せば、敏捷《びんせふ》を要《えう》す。官鬼爻《くわんきかう》か陽爻《やうかう》であるときは、盗賊《たうぞく》は男子《だんし》なりと知《し》るべし、官鬼爻《くわんきかう》が陰爻《いんかう》であるときは、盗賊《たうぞく》は婦人《ふじん》であると知《し》るべし。

凡《およ》そ子孫爻《しそんかう》あるときは、紛失物《ふんしつぶつ》は終《つひ》に出《いづ》べけれども、子孫爻《しそんかう》なきときは到底出《たうていいづ》ることなし。

第四十四章　功名の占法

凡《およ》そ學者《がくしや》、政治家《せいぢか》、宗敎家《しうけうか》、文士《ぶんし》、藝術家《げいじゆつか》、農《のう》、工《こう》、商《しやう》、何業《なにげふ》に論《ろん》なく、其《そ》の業《げふ》に秀《ひい》でゝ、名聲《めいせい》を博《はく》するや否《いな》やを占《うらな》はんと思《おも》はゞ、體卦《たいくわ》を自己《じこ》と取《と》り、用卦《ようくわ》を功名《かうめい》と取《と》る、而《そ》して

(い)體《たい》より用《よう》を生《しやう》ずるときは、功名成《かうめいな》り難《がた》く、却《かへつ》て損害《そんがい》を被《かう》むることあり。

(ろ)用《よう》より體《たい》を生《しやう》ずるときは、功名成《かうめいな》り易《やす》く、成《な》りて益《えき》あり。

(は)體《たい》より用《よう》を剋《こく》するときは、功名成《かうめいな》れども遲《おそ》し。

(に)用《よう》より體《たい》を剋《こく》するときは、功名必《かうめいかな》らず成就《じやうじゆ》せず。

(ほ)體用相比和《たいようあひひわ》するときは、功名《かうめい》、意《い》の如《ごと》くに成就《じやうじゆ》す。

又功名成就《またかうめいじやうじゆ》するの時期《じき》を知《し》らんと思《おも》はゞ、體《たい》を生《しやう》ずる卦氣《くわき》――即《すなは》ち震《しん》なれば春分《しゆんぶん》、離《り》なれば夏至《げし》、兌《だ》なれば秋分《しうぶん》、坎《かん》なれば冬至《とうじ》、又乾《またけん》なれば陰暦《いんれき》四月、坤《こん》なれば十月、巽《そん》なれば八月、艮《ごん》なれば九月、十月の交《かう》――と見《み》るべし。又第《またたい》十五章《しやう》に述《の》べた如《ごと》く、乾《けん》ならば戌亥《いぬゐ》の年月日時《ねんげつじつじ》、坤《こん》ならば、未申《ひつじさる》の年月日時《ねんげつじつじ》とするもよし。いづれにするも占《うらな》ふ時《とき》の取極《とりき》め次第《しだい》である。就職先《しうしよくさき》の方位《はうゐ》を知《し》らんと思《おも》はゞ、之卦《しくわ》の方位《はうゐ》を見《み》るべし。即《すなは》ち震《しん》なれば東方《ひがし》、兌《だ》なれば西方《にし》、坎《かん》なれば北方《きた》、離《り》なれば南方《みなみ》、乾《けん》なれば西北《にしきた》、坤《こん》なれば西南《にしみなみ》、巽《そん》なれば東南《ひがしみなみ》、艮《ごん》なれば東北《ひがしきた》と知《し》れ。

卦中《くわちう》に體《たい》を剋《こく》するの卦《くわ》なきときは功名成就《かうめいじやうじゆ》し易《やす》けれども、體《たい》を生《しやう》ずるの卦《くわ》なきときは成就《じやうじゆ》せず。

若《も》し在職《ざいしよく》の儕《ともがら》、功名《かうめい》の成不成《なるならぬ》を占《うらな》ふに當《あた》りては、卦中《くわちう》に體《たい》を剋《こく》するの卦《くわ》あるを忌《い》む。若《も》しこれあるときは、或《あるひ》は馘首《くわくしゆ》せられ、或《あるひ》は左遷《させん》せしめらるゝの禍《わざはひ》を免《まぬ》がれ難《がた》し、而《そ》して其《そ》の禍《わざはひ》に遇《あ》ふの期日《きじつ》は、則《すなは》ち亦第《まただい》十五章《しやう》を參照《さんせう》して知《し》るべし。

又功名《またかうめい》の成不成《なるならぬ》を五行易上《ぎやうえきじやう》より占《うらな》ふには、父母爻《ふぼかう》を以《もつ》て其《そ》の人《ひと》の學藝意見手腕等《がくげいいけんしゆわんとう》とし、官鬼爻《くわんきかう》を以《もつ》て職任《しよくにん》とす、此《こ》の二者《ふたつのもの》は一卦《くわ》の主《しゆ》にして、其《そ》の一を缺《か》くときは、功名《かうめい》成《な》り難《がた》し、父母爻《ふぼかう》若《も》し旺相《わうしやう》なるときは、學藝意見手腕等優秀《がくげいいけんしゆわんとういうしう》なり、官鬼爻《くわんきかう》、下卦《かくわ》に在《あ》るときは、功名有望《かうめいいうばう》なり、且《か》つ昇級《しようきふ》すべし、妻財爻《さいざいかう》、又《また》は子孫爻《しそんかう》は無《な》きを要《えう》す、之《これ》あるときは凶《きよう》なり、何《なん》となれば、妻財爻《さいざいかう》は、父母爻《ふぼかう》を剋《こく》し、子孫爻《しそんかう》は官鬼爻《くわんきかう》を剋《こく》する故《ゆえ》である、さりながらたとひ妻財《さいざい》、官鬼《くわんき》の二爻《かう》ありとも、休囚《きうしう》なるときは差支《さしつかへ》なし、又《また》

安靜《あんせい》なるときは、之《これ》ありとも吉《きち》なれども、動《うご》くときは、功名成《かうめいな》らず。

第四十五章　入學の占法

何事《なにごと》を學《まな》ばんと欲《ほつ》する時《とき》も、體卦《たいくわ》を自己《じこ》と取《と》り、用卦《ようくわ》を學《まな》ばんと欲《ほつ》する所《ところ》の學藝《がくげい》と取《と》る、此《こ》の場合《ばあひ》に於《おい》ては、體用共《たいようとも》に旺《わう》を吉《きち》とし、衰《すゐ》を凶《きよう》とす、そして

(い)體《たい》より用《よう》を剋《こく》するときは、學業《がくげふ》駸々《しんしん》として上達《じやうたつ》す。

(ろ)用《よう》より體《たい》を剋《こく》するときは學業成《がくげふな》りがたし。

(は)體《たい》より用《よう》を生《しやう》ずるときは、勉強怠《べんきやうおこた》らずして遂《つひ》に業《げふ》を遂《と》げ能《あた》ふべし。

(に)用《よう》より體《たい》を生《しやう》ずるときは、容易《よろゐ》に其《そ》の業《げふ》を會得《ゑとく》すべし。

(ほ)體用相比和《たいようあひひわ》するときは、樂《たのし》んで其《そ》の業《げふ》を研究《けんきう》すべく、大成《たいせい》の見込《みこみ》あり。

(へ)若《も》し陽卦《やうくわ》にして陽爻多《やうかうおほ》きときは、學理《がくり》を悟《さと》り易《やす》し。

(と)若《も》し陰卦《いんくわ》にして陰爻《いんかう》多《おほ》きときは、學理《がくり》を悟《さと》り難《がた》し。

(ち)若《も》し本卦《ほんくわ》、變卦《へんくわ》、及《およ》び之卦《しくわ》の三つに乾《けん》の卦《くわ》多《おほ》くして、體卦《たいくわ》を生《しやう》ずるときは、西北方《にしきた》の學校《がくかう》に入《い》るか、又《また》は西北方《にしきた》の師《し》に事《つか》へ、老人《らうじん》、又《また》は地位《ちゐ》各望《かいばう》ある人《ひと》に頼《たよ》りてよし。

(り)若《も》し本卦《ほんくわ》、變卦《へんくわ》、及《およ》び之卦《しくわ》の三つに震《しん》の卦《くわ》多《おほ》くして體卦《たいくわ》を生《しやう》ずるときは、東方《ひがし》の學校《がくかう》に入《い》るか、又《また》は東方《ひがし》の師《し》に事《つか》へ、園藝《ゑんげい》、若《も》しくは染色《せんしよく》を學《まな》ぶか、又《また》は音樂《おんがく》を研究《けんきう》してよし。

(ぬ)若《も》し坎《かん》の卦《くわ》多《おほ》くして體卦《たいくわ》を生《しやう》ずるときは、北方《きた》の學校《がくかう》に入《い》るか、又《また》は北方《きた》の師《し》に事《つか》へ、酒類《さけるゐ》、醬油《しやうゆ》などの釀造《じやうざう》に從事《じうじ》するか、又《また》は調味《てうみ》の事《こと》を研究《けんきう》してよし。

(る)若《も》し艮《ごん》の卦《くわ》多《おほ》くして體卦《たいくわ》を生《しやう》ずるときは、東北方《ひがしきた》の學校《がくかう》に入《い》るか、又《また》は東北方《ひがしきた》の師《し》に事《つか》へ、數學《すうがく》を脩《おさ》むるか、若《も》しくは漁業《ぎよげふ》を學《まな》び、又《また》は文章《ぶんしやう》を研究《けんきう》してよし。

(を)若《も》し坤《こん》の卦《くわ》多《おほ》くして體卦《たいくわ》を生《しやう》ずるときは、西南方《にしみなみ》の學校《がくかう》に入《い》るか、又《また》は西南《にしみなみ》の方《かた》の師《し》に事《つか》へ、農學《のうがく》、即《すなは》ち耕耗《からもう》牧畜《ぼくちく》の業《げふ》を研究《けんきう》してよし。

(わ)若《も》し巽《そん》の卦《くわ》多《おほ》くして體卦《たいくわ》を生《しやう》ずるときは、東南方《ひがしみなみ》の學校《がくかう》に入《い》るか、又《また》は東南《ひがしみなみ》の方《かた》の師《し》に事《つか》へ、宗敎《しうけう》、若《も》しくは法律《はふりつ》を研究《けんきう》するか、又《また》は其《そ》の人《ひと》の嗜好《しかう》に依《よ》りては工藝《こうげい》を修《おさ》めてよし。

(か)若《も》し離《り》の卦《くわ》多《おほ》くして體卦《たいくわ》を生《しやう》ずるときは、南方《みなみ》の學校《がくかう》に入《い》るか、又《また》は南方《みなみ》の師《し》に事《つか》へ、天文學《てんもんがく》、若《も》しくは哲學《てつがく》の類《るゐ》を研究《けんきう》し、又其《またそ》の人《ひと》の嗜好《しかう》に依《よ》りては兵學《へいがく》を修《おさ》むるもよし。周易《しうえき》の研究《けんきう》には最《もつと》も適《てき》せり。

(よ)若《も》し兌《だ》の卦《くわ》多《おほ》くして體卦《たいくわ》を生《しやう》ずるときは、西方《にし》の學校《がくかう》に入《い》るか、又《また》は西方《にし》の師《し》に事《つか》へ、文學《ぶんがく》、若《も》しくは歌舞《かぶ》音樂《おんがく》を研究《けんきう》してよし。

又之《またこれ》を五神上《しんじやう》より言《い》はんに、

青龍《せいりやう》、子孫爻《しそんかう》に在《あ》るときは、青雲《せいうん》に乘《じやう》ずるの兆《てう》とす。○青龍《せいりやう》、兌《だ》の卦《くわ》に在《あ》るときは詩人《しじん》となるによし、青龍《せいりやう》、旺相《わうしやう》なるは好運《かううん》の兆《てう》なり。○青龍《せいりやう》の如《ご》き吉神《きつしん》が坤《こん》の卦《くわ》に在《あ》りて動《うご》くときは、學問上達《がくもんじやうたつ》の兆《てう》にして、博學大家《はくがくたいか》となるべし。朱雀《しゆじやく》より世爻《せいかう》を尅《こく》するときは、智者《ちしや》となるべし。○朱雀《しゆじやく》、離《り》の卦《くわ》に在《あ》るときは、書家《しよか》となるによし。○朱雀《しゆじやく》、旬空《じゆんくう》に當《あた》るは、學問《がくもん》するも益《えき》なきの兆《てう》なり。句陳《かうちん》、土爻《どかう》に在《あ》るは、昏愚《こんぐ》の兆《てう》なり。卦中《くわちう》に父母爻《ふぼかう》なきは訓誨《くんくわい》すべからざるの兆《てう》なり。○卦中《くわちう》に父母爻《ふぼかう》の累《かさ》なるは、度《たび》々學業《がくげふ》を換《か》ふるの兆《てう》なり。

坤《こん》の卦《くわ》に動爻《どうかう》あるは、能《よ》く徳《とく》を修《おさ》むるの兆《てう》なり。

洞林學問斷《どうりんがくもんだん》に云《い》ふ。

坤離《こんり》の二卦《くわ》を文章《ぶんしやう》と取《と》る、能《よ》く徳《とく》に進《すゝ》み、業《げふ》を修《おさ》む、又乾《またけん》の卦《くわ》は自強《じきやう》して息《や》まず、其《そ》の餘《よ》の卦《くわ》は戲《たはむれ》を好《この》みて學問《がくもん》を好《この》まず、多《おほ》くは愚魯《ぐろ》なり。父母爻《ふぼかう》を師長《しちやう》と取《と》る、乾坤離《けんこんり》三卦中《くわちう》の何《ど》れかゞ内卦《ないくわ》に在《あ》りて且《か》つ父母爻《ふぼかう》あるときは、良師《りやうし》に就《つ》くことを得《う》ると知《し》るべし、其《そ》の餘《よ》の卦《くわ》は、父母爻《ふぼかう》ありとも尋常平凡《じんじやうへいぼん》の師《し》に就《つ》くべし、又卦中《またくわちう》に父母爻《ふぼかう》なきは師《し》なきの兆《てう》なり、若《も》し父母爻動《ふぼかうどう》きて官鬼《くわんき》爻《かう》に變《へん》するは、學成《がくな》りて志《こゝろざし》を得るの兆《てう》と知《し》るべし。

玄々合璧《げん〳〵がつぺき》に云《い》ふ。

乾坤離《けんこんり》三卦中《くわちう》の何《ど》れかに父母爻《ふぼかう》あるは、宗敎《しうけう》を研究《けんきう》すべきの兆《てう》なり。震坎艮巽兌《しんかんごんそんだ》五卦《くわ》に在《あ》るは、雜學《ざつがく》を研究《けんきう》すべきの兆《てう》なり。按ずるに、玆に雜學といふは宗教以外の學を指していふなり。雜博多方面の意にはあらざらん、父母爻《ふぼかう》が變《へん》じて子孫爻《しそんかう》となるは、詩人文人《しじんぶんじん》を師《し》とするの兆《てう》なり、兄弟爻《けいていかう》が變《へん》じて官鬼爻《くわんきかう》となるか、又《また》は官鬼爻《くわんきかう》が變《へん》じて兄弟爻《けいていかう》となるは、姦猾譎詐《かんくわんきつさ》の師《し》に就《つ》くの兆《てう》なり、世爻《せいかう》が動《うご》きて應爻《おうかう》と相生《さうしやう》するは、他人《たにん》の家《いへ》に寄寓《きぐう》して學《がく》に就《つ》くの兆《てう》なり。

第四十六章　競爭の占法

今《いま》や文化日《ぶんくわひ》に進《すゝ》みて、人々互《ひと〳〵たがひ》に向上發展《かうじやうはつてん》せんと競爭《きやうさう》するは自然《しぜん》の勢《いきほひ》なれど、それと同時《どうじ》に又《また》一面《めん》に於《おい》ては、奢侈《しやし》の弊風《へいふう》、日《ひ》を逐《お》ふて甚《はなは》だしきを加《くは》へたり、又《また》一面《めん》に於《おい》ては、日常生活《にちじやうせいくわつ》の安定《あんてい》を缺《か》くを以《もつ》て、生存《せいそん》の爲《た》めに激烈《げきれつ》なる競爭《きやうさう》を生《しやう》ずるも亦止《またやむ》を得《え》ざるの次第《しだい》である、是《こ》の時《とき》に當《あた》りては、深《ふか》く謀《はか》り、遠《とほ》く慮《おもんぱか》り、競爭場裏《きやうさうぢやうり》に臨《のぞ》むに先《さき》だちて、人智《じんち》の及《およ》ばぬ所《ところ》を鬼神《きしん》に質《たゞ》すこそ緊要《きんえう》なるべし、これ本章《ほんしやう》の必要《ひつえう》なる所以《ゆゑん》である、さて此《こ》の占《うらな》ひに於《おい》ては、例《れい》の如《ごと》く體《たい》を自己《じこ》と取《と》り。用《よう》を敵手《あひて》と取《と》るべし、そして

(い)體《たい》が旺《わう》に遇《あ》へば吉《きち》。

(ろ)用《よう》が衰《すゐ》に遇《あ》ふも亦吉《またきち》。

(は)體《たい》より用《よう》を剋《こく》するときは吉《きち》、乃《すなは》ち敵手《あひて》に勝《か》つのである。

(に)用《よう》より體《たい》を剋《こく》するときは、凶《きよう》。敵手《あひて》が此方《こちら》に勝《か》つのである。

(ほ)體《たい》より用《よう》を生《しやう》ずるときは、啻《たゞ》に敵手《あひて》に負《ま》けるのみならず。生活《せいくわつ》の競爭《きやうさう》に落伍《らくご》者《しや》と爲《な》るの惧《おそ》れあり。

(へ)用《よう》より體《たい》を生《しやう》ずるときは、啻《たゞ》に敵手《あひて》に勝《か》つのみならず、生活《せいくわつ》の競爭《きやうさう》に勝利者《しようりしや》

と爲《な》るの望《のぞ》みあり。

(と)體用相比和《たいようあひわ》するときは大吉《だいきち》にして、他人《たにん》の援《たすけ》を得《う》べし。

此《こ》の占《うらな》ひに於《おい》ては又當日《またたうじつ》の十二支《し》即《すなは》ち日辰《そのひのえと》と、得卦《うるところのくわ》の五親《しん》とを對照《たいせう》して觀《み》るべし、乃《すなは》ち

(ち)日辰《えと》より官鬼爻《くわんきかう》を剋《こく》するときは吉《きち》、我《わ》れ勝《かち》を制《せい》すべし。

(り)官鬼爻《くわんきかう》より日辰《えと》を剋《こく》するときは凶《きよう》、我《わ》れ勝《かち》を制《せい》せらるべし。

(ぬ)日辰《えと》より官鬼爻《くわんきかう》を生《しやう》ずるときは、吉《きち》なれども、迅速《じんそく》に早敢取《はかど》らず。

(る)官鬼爻《くわんきかう》より日辰《えと》を生《しやう》ずるときは、只《た》だ焦思《やきもき》するのみにて、一向《いつかう》におもはしからず。

(を)體用相比和《たいようあひわ》するときは吉《きち》。

(わ)世爻《せいかう》より應爻《おうかう》を剋《こく》するときは、我《わ》れ勝《かち》を制《せい》すべし。

(か)應爻《おうかう》より世爻《せいかう》を剋《こく》するときは、他人《たにん》に勝《かち》を制《せい》せらるべし、さりながら應爻若《おうかうも》

し世爻《せいかう》を剋《こく》するとも、世爻若《せいかうも》し旺《わう》に遇《あ》ふときは、甚《はなはだ》しき失敗《しつぱい》の慘害《さんがい》を被《かほ》むることなし。

第四十七章　疾病の占法

凡《およ》そ疾病《しつぺい》には内部《ないぶ》のものあり、又外療《またぐわいれう》を要《えう》すべき外部《ぐわいぶ》のものあれども、占法《せんぱふ》は同《おな》じ。而《そ》して訴訟《そしやう》の如《ごと》き、戰爭《せんそう》の如《ごと》きは、人身《じんしん》と社會《しやくわい》、又《また》は國家《こくか》との別《べつ》こそあれ、皆此《みなこ》の章《しやう》の占法《せんぱふ》を應用《おうよう》することを得《う》べし、これ國家社會《こくかしやくわい》に戰爭《せんさう》あり、訴訟《そしやう》あるは、人身《じんしん》に疾病《しつぺい》あり、醫療《いれう》あると異《こと》ならぬゆえである。

さて此《こ》の占《うらなひ》に於《おい》ては、また體《たい》を自己《じこ》と取《と》り、用《よう》を疾病《しつぺい》と取《と》るべし、そして

（い）體《たい》は旺《わう》を吉《きつ》とし、衰《すゐ》を凶《きよう》とす、而《そ》して旺《わう》なるときは、服藥其《ふくやくそ》の效《かう》を奏《さう》すれども、衰《すゐ》なるときは藥石效《やくせきかう》なく、到底死《たうていし》を免《まぬ》がれがたし。

(ろ)體《たい》より用《よう》を剋《こく》するときは病平癒《やまひへいゆ》すべし。

(は)用《よう》より體《たい》を剋《こく》するときは、藥石效《やくせきかう》なけれども、若《も》し旺《わう》に遇《あ》ふときは死《し》せず。衰《すゐ》に遇《あ》ふときは必《かな》らず死《し》す。

(に)體《たい》より用《よう》を生《しやう》ずるときは、病癒《やまひい》え難《がた》し、さりながら旺《わう》に遇《あ》ふときは、服藥《ふくやく》その效《かう》を奏《そう》すべし、衰《すゐ》に遇《あ》ふときは、たとひ藥《くすり》を服《ふく》するも效《かう》なし。

(ほ)用《よう》より體《たい》を生《しやう》ずるときは吉《きち》、病平癒《やまひへいゆ》すべし。

(へ)體用相比和《たいようあひひわ》するときはよろし、たとひ藥《くすり》を服《ふく》せざるも平癒《へいゆ》すべし。

又豫《またあらかに》めその平癒《へいゆ》の期日《きじつ》、若《もし》くは死亡《しばう》の期日《きじつ》を知《し》らんと思《おも》はゞ左《さ》の法《はふ》に據《よ》るべし。

(と)平癒《へいゆ》の期日《きじつ》を知《し》らんと思《おも》はゞ、體《たい》を生《しやう》ずる卦《くわ》の數目《すうもく》、又《また》は十二支《し》に由《よ》りて之《これ》を知《し》るべし。

(ち)死亡《しばう》の期日《きじつ》を知《し》らんと思《おも》はゞ、體《たい》を剋《こく》する卦《くわ》の數目《すうもく》、又《また》は十二支《し》に由《よ》りて之《これ》を知《し》るべし。

【數目《すうもく》とは、乾《けん》なれば一四九、震《しん》なれば四八三、坎《かん》なれば一六、艮《ごん》なれば五七十、坤《こん》なれば八五十、巽《そん》なれば五八三、離《り》なれば三二七、兌《だ》なれば二四九、是《こ》れなり。ナゼかと尋《たづ》ぬるに、乾《けん》の番號《ばんがう》は八卦《くわ》の一である、且《か》つ乾《けん》は金《きん》にして金《きん》の生數《せいすう》は四なり、成數《せいすう》は九なり、故《ゆゑ》に一と四と九とである、震《しん》の番號《ばんがう》は八卦《くわ》の四である、且《か》つ震《しん》は木《き》にして木《き》の生數《せいすう》は三なり、成數《せいすう》は八なり、故《ゆゑ》に四と三と八とである、坎《かん》の番號《ばんがう》は六なり、生數《せいすう》は一なり、成數《せいすう》は六なり、故《ゆゑ》に一と六との二つである、餘《よ》は之《これ》に準《じゆん》ず、之《これ》を表《へう》に示《しめ》すときは左《さ》の如《ごと》し。

	番號	生數	成數
乾	一	四	九
震	四	三	八
坎	六	一	六

艮	七	五	十
坤	八	五	十
巽	五	三	八
離	三	二	七
兌	二	四	九

又《また》十二支《し》にて言《い》へば、乾《けん》なれば戌亥《いぬゐ》の年月日時《ねんげつじつじ》、震《しん》なれば卯《う》の年月日時《ねんげつじつじ》、坎《かん》なれば子《ね》の年月日時《ねんげつじつじ》、艮《ごん》なれば丑寅《うしとら》の年月日時《ねんげつじつじ》、坤《こん》なれば未申《ひつじさる》の年月日時《ねんげつじつじ》、巽《そん》なれば辰巳《たつみ》の年月日時《ねんけつじつじ》、離《り》なれば午《うま》の年月日時《ねんげつじつじ》、兌《だ》なれは酉《とり》の年月日時《ねんげつじつじ》である。」

藥《くすり》は何《なに》を服《ふく》して可《か》なるかを知《し》らんと思《おも》はゞ、體《たい》を生《しやう》ずる卦《くわ》の性質《せいしつ》に據《よ》るべし。

(り)若《も》し乾《けん》の卦《くわ》、又《また》は兌《た》の卦《くわ》であるときは、涼藥《りやうやく》を用《もち》ゆべし。

(ぬ)若《も》し震《しん》の卦《くわ》、又《また》は巽《そん》の卦《くわ》であるときは、微《び》溫劑《おんざい》を用《もち》ゆべし。
(る)若《も》し坎《かん》の卦《くわ》であるときは、冷劑《れいざい》を用《もち》ゆべし。
(を)若《も》し坤《こん》の卦《くわ》、又《また》は艮《ごん》の卦《くわ》であるときは、溫藥《おんやく》を用《もち》ゆべし。
(わ)若《も》し離《り》の卦《くわ》であるときは、熱藥《ねつやく》を用《もち》ゆべし。

人《ひと》あり、邵康節《せうかうせつ》に問《とふ》て云《い》ふ、若《も》し疾病《やまひ》を占《うらな》ふに當《あた》りて、坤下乾上《こんかけんじやう》天地否の初爻變《しよかうへん》を得《う》るときは、如何《いかん》な判斷《はんだん》を下《くだ》して宜《よろ》しきや、先生答《せんせいこた》へて云《い》ふ、坤下乾上《こんかけんじやう》の初爻變《しよかうへん》は則《すなは》ち天雷无妄《てんらいむばう》にして、互卦《ごくわ》は風山漸《ふうさんせん》である、倶《とも》に生成《せいせい》の義《ぎ》なり、互卦風山漸は艮宮土性の卦なり、本卦天地否は乾宮金性の卦なり、且つ土は體卦の金を生ず、即ち用より體を生ずるなり、又之卦天雷无妄は巽宮木性の卦なり、且つ木は體卦の金に剋せらる、即ち體より用を剋するなり。无妄の初九には往けば吉とあり。生《せい》に遇《あ》ふの日即《ひすなは》ち愈《い》ゆべし。是《こ》れ災《わざはひ》なきものなれば、

又問《またと》ふ、第二爻《だいにかう》が動《うご》くときは如何《いかん》、答《こた》へて云《い》ふ、則《すなは》ち天水訟《てんすゐしやう》である、上卦《じやうくわ》、即《すなは》ち體《たい》は金《きん》にして、下卦《かくわ》、即《すなは》ち用《よう》に水《みづ》なるに依《よ》り、體《たい》より用《よう》を生《しやう》ず、これ泄氣《えいき》である、互卦《ごくわ》

は風火家人《ふうくわかじん》にて、その上卦《じやうくわ》の巽《そん》は木《き》なれば、體卦《たいくわ》の金《きん》に剋《こく》せらるれども、その下卦《かくわ》の離火《りくわ》は體卦《たいくわ》を剋《こく》するのみならず、上卦《じやうくわ》の巽《そん》は亦風《またかせ》にして、火《ひ》に風《かせ》を加《くわ》ふるときは、倶《とも》に體《たい》を剋《こく》するを以《もつ》て、到底死《たうていし》を免《まぬ》がれ難《がた》し。

又問《またと》ふ、第三爻《だいかう》が動《うご》くときは如何《いかん》、答《こた》へて云《い》ふ、下卦《かくわ》の坤土《こんど》が變《へん》じて艮土《ごんど》となる、坤艮共《こんごんとも》に體金《たいきん》を生《しやう》ず、されば互卦《ごくわ》を問《と》はずして其《そ》の吉《きち》なるを知《し》るべし。

又問《またと》ふ。第四爻《だいかう》が動《うご》くときは如何《いかん》、答《こた》へて云《い》ふ、さすれば、風地觀《ふうちくわん》の卦《くわ》となる、即《すなは》ち乾金《けんきん》は變《へん》じて巽木《そんぼく》となるのである、そして巽木《そんぼく》は固《もと》より體卦《たいくわ》なる坤土《こんど》を剋《こく》すれども、乾金《けんきん》も亦或《またあ》る意味《いみ》より言《い》へば、坤土《こんど》を剋《こく》するの義《ぎ》なり、互卦《ごくわ》は木《き》を以《もつ》て尸《しかばね》を扛《あ》ぐるの義《ぎ》なり、且《か》つ金礴《かねかはら》は棺槨《くわんくわく》の柱《はしら》なれば、必《かな》らず尸《しかばね》を埋《うづ》むべし。

又問《またと》ふ、第五爻《だいかう》が動《うご》くときは如何《いかん》。(答《こたへ》)乃《すなは》ち天地否《てんちひ》は變《へん》じて火地晉《くわちしん》となり、乾金《けんきん》は離卦《りくわ》に變《へん》ず、火生土《くわせいど》とて、之卦《しくわ》、互卦共《ごくわとも》に體《たい》を生《しやう》ずゆえ占《うらなひ》が吉兆《きつてう》なれば無論《むろん》死《し》せず、若《も》し占《うらなひ》が凶兆《けようてう》なれば、たとひ生《い》くるとも、永《なが》く生《い》きず。

又《また》問《と》ふ、上爻《じやうかう》が動《うご》くときは如何《いかん》、(答《こたへ》)乃《すなは》ち天地否《てんちひ》は變《へん》じて澤地萃《たくちすゐ》と爲《な》り、乾金《けんきん》は兌《だ》金《きん》に變《へん》ず、土生金《どせいきん》とて、體《たい》土《坤》より用《よう》兌金《乾金》を生《しやう》ずるゆえよろしからず、又互卦《またごくわ》は巽《そん》と艮《ごん》とにて、巽木《そんぼく》は體《たい》を剋《こく》し、艮土《ごんど》は相比和《あひひわ》す、故《ゆゑ》に艮土《ごんど》は吉《きち》なれども、巽木《そんぼく》は凶《きよう》なり、此《こ》の場合《ばあひ》に於《おい》て、占兆吉《せんてうきち》なるときは吉《きち》に、凶《きよう》なるときは凶《きよう》である、即《すなは》ち死生《しせい》如何《いかん》は占《せん》兆次第《てうしだい》である。

【右《みぎ》は只《た》だ一例《れい》を擧《あ》げたるのみなれど、他《た》は推《お》して知《し》るべし。】

又法《またはふ》、病人《びやうにん》みづから來《きた》ること能《あた》はざれば、必《かな》らず代人《だいにん》を以《もつ》て占筮《せんぜい》を請《こ》ふならん、此《こ》の機《をり》には世爻《せいかう》を代人《だいにん》と取《と》り、應爻《おうかう》を病人《びやうにん》と取《と》る、而《しか》して應爻《おうかう》より世爻《せいかう》を剋《こく》するときは吉《きち》なれども、世爻《せいかう》より應爻《おうかう》を剋《こく》するときは凶《きよう》である、若《も》し世爻《せいかう》が子孫爻《しそんかう》であるときは、たとひ病《やまひ》は重《おも》くとも、子孫爻《しそんかう》の日《ひ》には、病《やまひ》は一時怠《いちじおこた》るべく、稍《やゝ》恢復《くわいふく》の徵候《ちようこう》を呈《あら》はせざる。官鬼爻《くわんきかう》が旺《わう》なるの日《ひ》に遇《あ》ひて病勢再《びやうせいふたゝ》び進《すゝ》むべし、又若《またも》し其《そ》の得卦《とくくわ》に官鬼爻《くわんきかう》なきときは、是《こ》れ命數《めいすう》既《すで》に盡《つ》きたるものにして、到底恢復《たうていくわいふく》の見込《みこみ》なし、訟《しやう》、小畜《せうちく》、頤《い》、家《か》人《じん》、益《えき》、旅《りよ》、渙《くわん》、未濟《びせい》の八卦は、官鬼爻《くわんきかう》なきものである、若《も》し官鬼《くわんき》の爻《かう》が旺相《わうさう》にして、妻財《さいざい》の爻《かう》が動《うご》くときは、病永《やまひなが》びきて十の八九は生命覺束《せいめいおぼつか》なし。

既《すで》に第《だい》十三章《しやう》にも載《の》せたる通《とほ》り、乾《けん》を首《かしら》と取《と》り、震《しん》を足《あし》、坎《かん》を耳《みゝ》、又臀艮《ごん》を手《て》、又指、肱、脊、鼻坤《こん》を腹《はら》、巽《そん》を腸《ちやう》、又股、陰離《り》を目《め》、兌《だ》を口《くち》、又頰、舌と取《と》る。而《そ》して又初爻《しよかう》を腹部《ふぶ》、腸胃腎肝《ちやうゐじんかん》とし、二爻《かう》を皮膚《ひふ》、及《およ》び筋肉《きんにく》とし、三爻《かう》を腰部《えうぶ》、脚部《きやくぶ》とし、四爻《かう》を肺《はい》とし、心《しん》とし、神經《しんけい》とし。五爻上爻《かうじやうかう》を頭部《とうぶ》とす、今若《いまも》し官鬼《くわんき》が頭部《とうぶ》に在《あ》るときは頭痛《づつう》を患《うれ》ふべく、腹《ふく》部《ぶ》に在《あ》るときは腹痛《ふくつう》を患《うれ》ふべく、耳目鼻口等皆然《じもくびこうとうみなしか》り。

又《また》五行《ぎやう》より言《い》へば、心《しん》は火《ひ》を主《つかさど》り、肺《はい》は金《きん》を主《つかさど》り、脾《ひ》は土《つち》を主《つかさど》り、腎《じん》は水《みづ》を主《つかさど》り、肝《かん》は木《き》を主《つかさど》ると支那《しな》の說《せつ》に見《み》ゆ、而《そ》して諳誦《あんしよう》に便《べん》ならしめんが爲《た》めに、『心火小腸舌穴《しんくわせうちやうぜつけつ》毛《まう》、肺金大腸鼻皮息《はいきんだいちやうびひそく》、脾土胃腑身肉乳《ひどゐるふしんにくにう》、腎水膀胱耳骨齒《じんするばうくわうじこつし》、肝木膽腑眼筋爪《かんぼくたんぷがんきんそう》』といふ古《こ》語《ご》あり、今日《こんにち》の學說《がくせつ》より言《い》へば、少《すこ》しく異《こと》なるに似《に》たれども、要《えう》するに中《あた》らずといへども遠からぬのである、しかしこれは兎《と》に角《かく》、此《こ》の説《せつ》より推《お》して、官鬼《くわんき》が火《ひ》に屬《ぞく》するときは心《しん》の病《やまひ》とし、金《きん》に屬《ぞく》するときは肺《はい》の病《やまひ》とし、土《つち》に屬《ぞく》するときは脾《ひ》の病《やまひ》とし、水《みづ》に屬《ぞく》するときは腎《じん》の病《やまひ》とし、木《き》に屬《ぞく》するときは肝《かん》の病《やまひ》とす。

又《また》如何《どん》な藥石《くすり》を用《もち》ゆべきかを占《うらな》ふには、初爻《しよかう》を鍼《はり》と取《と》り、二爻《かう》を酸藥《さんやく》と取《と》り、三爻《かう》を甘藥《かんやく》と取《と》り、四爻《かう》を苦藥《くやく》と取《と》り、五爻《かう》を辛藥《しんやく》と取《と》り、上爻《じやうかう》を醫師《いし》と取《と》る、而《そ》して初《しよ》爻《かう》が子《し》孫爻《そんかう》なれば鍼《はり》、又《また》は注射《ちうしや》を用《もち》ゐて妙《みやう》なり、又子《またし》孫爻《そんかう》が二爻《かう》に在《あ》るときは酸藥《さんやく》を用《もち》ゆべく、三爻《かう》に在《あ》るときは甘藥《かんやく》を用《もち》ゆべく、四爻《かう》に在《あ》るときは苦藥《くやく》を用《もち》ゆべく、五爻《かう》に在《あ》るときは辛藥《しんやく》を用《もち》ゆべし、上爻《じやうかう》に在《あ》るときは、醫師《いし》に一任《にん》するの外《ほか》なし。

又世爻《またせいかう》を病人《びやうにん》、即《すなは》ち病《やまひ》と取《と》り、應爻《おうかう》を醫師《いし》と取《と》る、今若《いまも》し醫師《いし》より病《やまひ》を剋《こく》するときは回復《くわいふく》の望《のぞ》みあれども、病《やまひ》より醫師《いし》を剋《こく》するときは藥石《やくせき》、效《かう》なかるべし、殊《こと》に世爻《せいかう》が若《も》し官鬼《くわんき》にてあるときは、存命《ぞんめい》は到底覺束《たうていおぼつか》ないのである。

第四十八章　晴風雷雨

凡《およ》そ晴雨《せいう》を占《うらな》ふには、先《ま》づ八卦《くわ》をそれ〴〵五行《ぎやう》に配當《はいたう》して見《み》るべし、言《い》ふ迄《まで》もなく乾兌《けんだ》は金《きん》なれども、それと同時《どうじ》に乾《けん》は天《てん》、兌《だ》は澤《たく》なれば、乾《けん》は日本晴《にっぽんば》れの兆《てう》とし、兌《だ》は降《ふ》りみ、降《ふ》らずみ、半陰半晴《はんいんはんせい》の兆《てう》とす。又震巽《またしんそん》は木《き》なれども、同時《どうじ》に震《しん》は雷《らい》、巽《そん》は風《かぜ》なれば、震《しん》は季節《きせつ》に依《よ》りては雷鳴《らいめい》の兆《てう》とし、又季節《またきせつ》に依《よ》りては、雷《らい》はなき筈《はず》なれども、右《と》もすれば非常《ひじやう》の雷鳴《らいめい》あり、且《か》つ震《しん》と共《とも》に巽風《そんぷう》あるときは、大風雷鳴《たいふうらいめい》の兆《てう》とす、坎《かん》は水《みづ》にして雨《あめ》を主《つかさど》り、離《り》は火《ひ》にして晴《はれ》を主《つかさど》る、故《ゆゑ》に若《も》し本卦《ほんくわ》、之卦《しくわ》、互卦《ごくわ》の内《うち》に坎《かん》の卦多《くわおほ》ければ雨降《あめふ》り、離《り》の卦多《くわおほ》ければ晴《は》るべし、坤《こん》と艮《ごん》とは土《ど》なれども、坤《こん》は地《ち》と取り。艮《ごん》は山《やま》と取《と》る、坤《こん》は地氣《ちき》ゆえに陰《くも》る事《こと》を主《つかさど》り、艮《ごん》は止《とど》まる故《ゆゑ》に、久《ひさ》しく降《ふ》りたる雨歇《あめや》みて晴《は》るゝことを主《つかさど》る、且《か》つ土《つち》は水《みづ》を剋《こく》する故《ゆゑ》に、雨《あめ》を剋《こく》して霽《は》れしむるの象《しやう》とも取《と》る。

同《おな》じ坤艮《こんごん》にても、春占《はるうらな》ひて二卦《くわ》を得《う》れば、雨聊《あめいさゝ》か降《ふ》りて地潤《ちうるほ》ふの象《しやう》と取《と》れども、夏《なつ》なれば晴《は》れて暑氣酷《しよきはなはだ》し、又乾《またけん》は晴天《せいてん》なるべく、坤《こん》は曇天《どんてん》なるべき筈《はず》なれども、旱《ひでり》のつゞきたる折《をり》に乾《けん》の卦《くわ》を得《う》るときは雨降《あめふ》り、久《ひさ》しく雨天《うてん》であつた揚句《あげく》に坤《こん》の卦《くわ》を得《う》るときは晴《は》るることあり、是《こ》れ老陽《らうやう》は少陰《せういん》に變《へん》じ、老陰《らういん》は少陽《せうやう》に變《へん》ずる故《ゆゑ》である、又同《またおな》じ乾《けん》兌《だ》の金《きん》にても、秋《あき》に得《う》れば晴《は》れ、冬《ふゆ》に得《う》れば雪降《ゆきふ》る、離《り》と震《しん》と累《かさ》なれば雷電共《らいでんとも》に作《おこ》り、坎《かん》と巽《そん》と累《かさ》なれば風雨《ふうう》作《おこ》る、冬《ふゆ》の占《うらな》ひに坎《かん》ありて離《り》なければ雨降《あめふ》りて寒甚《かんはなは》だしく、夏《なん》の占《うらな》ひに離《り》ありて坎《かん》なければ、大旱《たいかん》にして暑甚《しよはなは》だし。

又成卦《またせいくわ》の上《うへ》にて言《い》はんに、艮下離上《ごんかりじやう》火山放の卦《くわ》を得《う》れば暮《くれ》に雨降《あめふ》りて朝《あさ》に霽《は》るべく、巽下坤上《そんかこんじやう》地風計、坤下巽上《こんちそんじやう》風地觀の卦《くわ》を得《う》れば四時倶《じとも》に風吹《かせふ》く。舟《ふね》を行《や》るに利《よろ》しからず、坎《かん》下艮上山家人の卦《くわ》、又《また》は艮下坎上《ごんかかんじやう》の水山蹇の卦《くわ》を得《う》れば曇天間違《どんてんまちが》ひなし。

又水爻動《またすゐかうご》くときは雨降《あめふ》り、火爻動《くわかうご》くときは晴《は》れ、木爻動《もくかうご》くときは風吹《かせふ》き、金爻動《きんかうご》くときは亦雨降《またあめふ》り、上爻動《どかうご》くときは陰《くも》るといふ。

又《また》父母《ふぼ》爻動《かうどう》くときは乍《たちま》ち晴《は》れ、乍《たちま》ち雨《あめ》なり、兄弟《けいてい》爻動《かうどう》くときは風吹《かぜふ》きて、冬《ふゆ》は雪霜《ゆきしも》露《つゆ》など夥多《おびただ》しく、妻財《さいざい》爻動《かうどう》くときは雲出《くもい》で雨降《あめふ》り、子孫《しそん》爻動《かうどう》くときは虹出《にじい》で丶雨止《あめや》み、官鬼《くわんき》爻動《かうどう》くときは、雷鳴《らいめい》ありといふ、實地《じつち》に臨《のぞ》みて巧《たく》みに判斷《はんだん》を下《くだ》すべし。

觀乎天文以察時變

觀乎人文以化成天下

下篇

第四篇　占例

第四十九章　雀、梅枝に争ふの占

既《すで》に前篇《ぜんぺん》に於《おい》て述《の》べた通《とほ》り、此《こ》の梅花心易《ばいくわしんえき》の中《うち》には年月日時《ねんげつじつじ》を算《かぞ》へて占《うらな》ふの法《はふ》あり、又《また》は之《これ》に據《よ》ることなく、尺度衡量《ものさしはかりますめ》に據《よ》りて占《うらな》ふの法《はふ》あり、形狀《かたち》、音聲《こゑ》、色彩等《いろなど》に據《よ》りて占《うらな》ふの法《はふ》などあり、其《そ》の占法《せんぱふ》は一々説明《せつめい》したれども、未《いま》だ其《そ》の占例《せんれい》を擧《あ》げざりしゆえ、本篇《ほんぺん》に於《おい》ては更《さ》らに占例《せんれい》を記載《きさい》せんとす、而《そ》して先《ま》づ人口《じんこう》に膾炙《くわいしや》したる雀《すゞめ》が梅《うめ》枝《がえ》に争《あら》ふの占例《せんれい》より始《はじ》めやうと思《おも》ふ。

宋《そう》の仁宗皇帝《じんそうくわうてい》の天聖《てんせ》六年戊辰《ねんつちのえたつ》の冬《ふゆ》、邵康節《せつかうせつ》は、偶《たまた》ま二羽《は》の雀《すゞめ》が梅枝《うめがえ》に争《あらそ》ひ、喰《く》ひ合《あ》ひて地《ち》に墜《お》つるを觀《み》た、因《よ》つて思《おも》ふやう、梅《うめ》は固《もと》より靜物《せいぶつ》なれば占《うらな》ふの要《えう》なし、雀《すゞめ》も亦我《またわれ》に何等《なんら》の關係《くわんけい》なきに依《よ》り、本來《ほんらい》なれば別《べつ》に占《うらな》ふに及《およ》ばぬ筈《はず》なれど、今《いま》二羽《よ》の雀《すゞめ》が相鬪ひて地《ち》に墜《お》つるは奇蹟《きせき》なれば、イデ一占《せん》を試《こゝろ》みんと、さて此《こ》の時《とき》は丁度《ちやうど》十二月十七日の申刻であつたれば、型《かた》の如《ごと》く年月日時《ねんげつにつじ》の占法《せんぱふ》を用《もち》ゐて、先《ま》づ辰《たつ》を五と置《お》き、次《つぎ》に月數《つきすう》十二、日數《ひかず》十七と置《お》き、合せて三十四として、之《これ》を八にて除《ぢよ》したるに、殘數《ざんすう》は二であつた、即《すなは》ち兌《だ》の卦《くわ》である、よつて上卦《じやうくわ》を兌《だ》と爲《な》す、次《つぎ》に年月日《ねんげつじつ》の合數《がふすう》三十四に、刻數《こくすう》九（申は子丑等より數へて九である）を加《くは》へて四十三とし、之《これ》を八にて除《ぢよ》したるに殘數《ざんすう》は三にして離《り》の卦《くわ》に當《あた》る、よつて下卦《かくわ》を離《り》と爲《な》す、上卦《じやうくわ》は兌《だ》で、下卦《かくわ》は離《り》ゆえに、澤火革《たくくわかく》の卦《くわ》となる。次《つぎ》に年月日時《ねんげつじつじ》の合數《がふすう》四十三をば六にて除《ぢよ》したるに殘數《ざんすう》一を得《え》た、即《すなは》ち初爻《しよかう》である。

さて右《みぎ》の如《ごと》く本卦《ほんくわ》は澤火革《たくしわかく》 ䷰ にして、其《そ》の初九《しよきう》が動爻《どうかう》である故《ゆゑ》に、之卦《しくわ》は澤山咸《さんかん》 ䷞ となる。又互卦《またごくわ》は如何《いかん》と尋《たづ》ぬるに、本卦《ほんくわ》たる澤火革《たくしわかく》の中爻《ちうかう》、即《すなは》ち二爻《かう》より五爻《かう》迄《まで》を取《と》るときは、（☰ ☴）、上卦《じやうくわ》は乾《けん》にして、下卦《かくわ》は巽《そん》となる、即《すなは》ち天風姤《てんぷうこう》の卦《くわ》 ䷫ である。

是《こゝ》に於《おい》て邵康節《せうかうせつ》は此《こ》の占《うらな》ひに據《よ》り、家人《かじん》を誡《いまし》めて、

『明日《みやうにちの》黄昏《たそがれ》に臨《のぞ》み、隣家《りんか》の少女《せうぢよ》來《きた》りて此《こ》の花《はな》を折取《をりと》るべし、決《けつ》して之《これ》を驚《おどろ》かすべからず。』

と言《い》つた、果《はた》して其《そ》の如《ごと》く、翌夕《よくゆふ》少女《せうぢよ》が來《きた》りて花《はな》を折《を》つた、而《そ》して花守《はなもり》の童子《どうじ》は邵氏《せうし》の誡《いましめ》を知《し》らずして少女《せうぢよ》を叱《しか》り逐《お》ひたれば、少女《せうぢよ》は大《おほい》に驚《おどろ》き、狼狽《らうばい》して枝《えだ》を取外《とりはづ》し、落《お》ちさまに我《わ》が股《もゝ》を突《つ》き傷《やぶ》つた、尤《もつと》も生命《せいめい》には別條《べつでう》がなかつた、今之《いまこれ》を委《くは》しく釋《と》くときは左《さ》の如《ごと》し。

【第一】本卦《ほんくわ》は澤火革《たくくわかく》にして、其《そ》の下卦《かくわ》に動爻《どうかう》初九ある故《ゆゑ》に、上卦《じやうくわ》が體《たい》にして、下卦《かくわ》は用《よう》である、上卦兌金《じやうくわだきん》は少女《せうぢよ》と取《と》り、下卦離火《かくわりくわ》は、火剋金《くわこくきん》とて、用《よう》より體《たい》を剋《こく》す、即《すなは》ち少女《せうぢよ》を剋《こく》し、少女《せうぢよ》を害《がい》するの象《しやう》あり。

【第二】互卦《ごくわ》は天風姤《てんぷうこう》にして、上卦乾金《じやうくわけんきん》は下卦巽木《かくわそんぼく》を剋《こく》す、且《か》つ巽《そん》は又股《またもゝ》と取《と》る、又《また》此《こ》の互卦《ごくわ》の巽木《そんぼく》は、木生火《もくしやうくわ》とて本卦《ほんくわ》の離火《りくわ》を生《しやう》じ、之《これ》をして勢盛《いきほひさか》んならしむ、さて本《ほん》

卦《くわ》の兌《だ》少女《せうぢよ》は來《きた》りて互卦《ごくわ》の巽木《そんぼく》を剋《こく》す、且つ乾金も之を剋す。是《こ》れ少女《せうぢよ》が梅枝《うめがえ》を折取《をりと》るの象《しやう》であるされど離火《りくわ》の勢《いきほ》ひ盛《さか》んにして、下方《かはう》より兌《だ》少女《せうぢよ》を剋《こく》するは、則《すなは》ち少女《せうぢよ》が下方《かはう》から股《もゝ》を傷《きずつ》けらるゝの象《しやう》である、此《こ》の巽木《そんぼく》、即《すなは》ち股《もゝ》は、亦《また》乾金《けんきん》からも剋《こく》せらるゝ故《ゆゑ》に、何《いづ》れにしても股《もゝ》は甚《いた》く傷《きずつ》けらるゝの象《しやう》である。

【第《だい》三】之卦《しくわ》は澤山咸《たくさんかん》にして、上卦《じやうくわ》は兌金《だきん》、少女《せうぢよ》であり、下卦《かくわ》は艮土《ごんど》である、土生金《どしやうきん》とて、下卦《かくわ》の艮土《ごんど》は、上卦《じやうくわ》の兌金《だきん》を生《しやう》じ、且《か》つ少女《せうぢよ》をして生存《せいそん》せしむ、ソコデ彼《か》の少《せう》女《ぢよ》は頗《すこぶ》る股《もゝ》を傷《きずつ》けらるゝといへども、生命《いのち》にはかゝはらぬことが明《あきら》かである。

第五十章　牡丹の花を觀て其運命を知る

其《そ》の翌年《よくねん》、即《すなは》ち天聖《てんせい》七己巳《つちのとみ》の年《とし》、邵康節《せうかうせつ》は友人《いうじん》と共《とも》に洛陽《らくやう》に遊《あそ》び、一日《あるひ》牡丹《ぼたん》の花《はな》を觀《み》る、馥郁《ふくいく》として心《こゝろ》を樂《たのし》ましめ、宛《さ》ながら仙境《せんきやう》に遊《あそ》ぶの感《かん》あり、時《とき》は二月十六日卯《う》の刻《こく》であつた、友人《いうじん》婁時《しばしば》恍惚《くわうこつ》として醉《よ》へるが如《ごと》く、少遷《やや》あつて云《い》ふ、眞《しん》に天地《てんち》の美觀《びくわん》なり、さりながら永久《えいきう》に此《こ》の美《び》を存《そん》することは決《けつ》して望《のぞ》むべきにあらず、先生此《せんせいこ》の花《はな》の何時《いつ》まで榮《さか》え、何時衰《いつおとろ》ふることを占《うらな》ひ得《う》るや、康節答《かうせつこた》へて云《い》ふ、然《しか》り、盛衰固《せいすゐもと》より其《そ》の數《すう》ありて免《まぬか》るゝこと能《あた》はず。我《わ》れ君《きみ》の問《とひ》に應《おう》じて之《これ》を占《うらな》はんと、乃《すなは》ち巳《み》の年《とし》を六と取《と》り、三月を三、又《また》十六日を十六を取《と》り、合《あは》せて二十五とす。例《れい》に依《よつ》て之《これ》を八にて割《わ》るに殘數《ざんすう》は一であつた、即《すなは》ち乾《けん》の卦《くわ》である、之《これ》を上卦《じやうくわ》とす、次《つぎ》に此《こ》の年月日《としつきひ》の合計《がふけい》二十五へ、刻數《こくすう》四 卯の時は四である を加《くは》ふるときは二十九となる、又之《またこれ》を八にて割《わ》りたるに殘《ざん》數《すう》は五であつた、即《すなは》ち巽《そん》の卦《くわ》である、之《これ》を下卦《かくわ》とす、上卦《じやうくわ》は乾《けん》、下卦《かくわ》は巽《そん》ゆゑに天風《てんぷう》姤《こう》である、次《つぎ》に年月日《とーつきひ》時《とき》の合計《がふけい》二十九をば六を以《もつ》て割《わ》りたるに殘數《さんすう》は亦《また》五であつた、即《すなは》ち天風姤《てんぷうこう》の九五である。

ソコデ本卦《ほんくわ》は天風姤《てんぷうこう》（☰☴）にして、其《そ》の九五が動爻《どうかう》である故《ゆゑ》に、之卦《しくわ》は火風鼎《くわふうてい》（☲☴）となる、又互卦《またごくわ》は如何《いかん》と尋《たづ》ぬるに、本卦《ほんくわ》たる天風姤《てんぷうこう》の二爻《かう》、三爻《かう》、四爻《かう》、は乾《けん》の卦《くわ》にして、三、四、五の三爻《かう》も亦乾《またけん》の卦《くわ》なれば、乾下乾上《けんかけんじやう》即ち乾爲天《けんゐてん》の卦《くわ》（䷀）である。

さるに依《よつ》て邵康節《せうかうせつ》は友人《いうじん》に向《むか》つて言《い》ひへるやう。

『天《てん》なるかな、命《めい》なるかな、此《こ》の牡丹花《ぼたんくわ》は、明日正午茲處《みやうにちしやうごこゝ》に來《きこ》れる馬《うま》の爲《た》めに蹂《ふみ》躙《にじ》らるべし』

と、果《はた》せるかな、其《そ》の翌日諸侯觀花《よくじつしよこうはなみ》の爲《た》めに來遊《きたりあそ》びたるに、偶々其《たま〳〵そ》の牽《ひ》き來《きた》れる二頭《とう》の馬《うま》が相鬪《あひたゝか》ひ、花間《はなま》を走《はし》りたるに依《よ》り、花《はな》は忽《たちま》ち散々《さん〴〵》に踏《ふ》み損《そこな》はれた、今之《いまこれ》を解釋《かいしやく》するときは左《さ》の如《ごと》し。

【第《だい》一】本卦《ほんくわ》は天風姤《てんふうこう》にして、其《そ》の上卦《じやうくわ》に動爻《どうかう》ある故《ゆゑ》に、下卦《かくわ》が體《たい》にして、上卦《じやうくわ》は用《よう》である、上卦《じやうくわ》の乾金《けんきん》は、下卦《かくわ》の巽木《そんぼく》を剋《こく》す、且《か》つ乾《けん》を馬《うま》と取《と》る、馬《うま》が草木《さうもく》（巽を草木と爲す）を蹂躙《じうりん》するの象《しやう》あり。

【第《だい》二】互卦《ごくわ》は乾爲天《けんゐてん》にして、上卦《じやうくわ》下卦《かくわ》共《とも》に乾金《けんきん》なれば、倶《とも》に巽木《そんぼく》を剋《こく》す、且《か》つ今述《いまのべ》たる如《ごと》く、乾《けん》は馬《うま》と取《と》り、上卦《じやうくわ》、下卦《かくわ》共《とも》に馬《うま》なれば、兩馬《りやうば》等《ひと》しく草木《さうもく》を害《がい》するの象《しやう》あり。【第三《だい》】之卦《しくわ》は火風鼎《くわふうてい》にして、上卦《じやうくわ》は離火《りくわ》、下卦《かくわ》は巽木《そんぼく》である。離火《りくわ》は巽木《そんぼく》を傷《そこな》はざれども、離《り》は南方《なんぱう》の卦《くわ》にて、太陽《たいやう》、正午《しやうご》に南方《なんぱう》に在《あ》るゆゑ、離《り》は時刻《じこく》に取れば正午《しやうご》である、是《こゝ》に於《おい》て出來事《できごと》の時刻《じこく》の正午《しやうご》であるべきを知《し》るべし。

【按《あん》ずるに、前章《ぜんしやう》に擧《あ》げたる少女《せうぢよ》兌金は樹枝《きのえだ》より落《お》ちて甚《い》たく股《もゝ》に負傷《ふしやう》したれども、艮土《ごんど》の之《これ》を生《しやう》ずるあるを以《もつ》て、死亡《しばう》と迄《まで》には至《いた》らなんだれど、此《こ》の章《しやう》に擧《あ》げたる牡丹花《ぼたんくわ》巽木は、之《これ》を剋《こく》するもの丶み多《おほ》くして本卦の上卦、互卦の上下二卦皆乾金で之《これ》を生《しやう》ずるものなきに依《よ》り、坎水なし花《はな》は散々《さん／＼》に踏《ふ》み損《そん》ぜられて故《もと》に復《ふく》し能《あた》はぬこと察《さつ》せらる。】

第五十一章　沈香の贋物であることを看破す

冀《を》の後《のち》四年《ねん》を經《へ》て、明道《めいだう》二癸酉《みづのととり》の年《とし》、八月二十五日正午《しやうご》に、賣藥商《ばいやくしやう》あり。邵氏《せうし》の門《もん》前《ぜん》に來《きた》りて沈香《ちんから》を買《か》ひ玉《たま》へといふ。康節之《からせつこれ》を見《み》て、これ沈香《ちんから》にてはなし。朽木《くちき》なるべしと言《い》ひたるに、賣藥商首《はいやくしやうくび》を掉《ふ》りて、否々《いな〳〵》最上等《さいじやうとう》の沈香《ちんかう》にして香氣《からき》比《ひ》類《るゐ》なしといふ。康節《からせつ》復た論《ろん》じて、火中《くわちう》に水《みづ》あり、水澤《すゐたく》の木《き》なり、決《けつ》して沈香《ちんかう》にあらず。察《さつ》するところ久《ひさ》しく朽《く》ちたる木《き》であらう、藥用《やくよう》にはならずといひたれば、商人類《しやうにんはう》を脹《ふく》らして去《さ》つた。半月程經《はんつきほどへ》て、友人來《いうじんきた》りて云《い》ふ、某家《あるいへ》に法事《ほふじ》ありて香《かう》を燒《た》きたるに、其《そ》の香毫《からすこし》も馨《かほ》らなんだと、康節問《からせつと》ひけるやう、其《そ》の香《かう》は何人《なんぴと》が携《たづさ》へ來《きた》れるやと、委《くは》しく問《と》ひ質《ただ》したるに、前日我《ぜんじつわ》が家《や》に携《たづさ》へ來《きた》つた沈香《ちんかう》であつた。康節之《かうせつこれ》を釋《とい》ていふ。

『前日彼《ぜんじつか》の商人《しやうにん》が携《たづさ》へ來《きた》つた時《とき》、我《わ》が門前《もんぜん》に於《おい》て其《そ》の香《かう》を手《て》から墜《おと》した。ソコデ我《わ》れは年月日時《ねんげつじつじ》を合《あは》せて之《これ》を占《うらな》ひたるに火澤睽《くわたくけい》の九二を得《え》た。

【按《あん》ずるに、當日《たうじつ》は癸酉《みづのとゝり》の八月二十五日なるに依《よ》り、十癸酉と八月と二十五日とを合《あ》はすときは四十三となる、八にて除《ちよ》すれば殘數《ざんすう》は三である、離《り》の卦《くわ》なり、又此《またこ》の合計《がふけい》四十三に時《とき》の數《すう》七午の刻を加《くは》へて五十と爲《な》し、八にて除《ちよ》するときは殘《ざん》數《すう》は二となる、兌《だ》の卦《くわ》なり、又此《またこ》の五十を六にて除《ちよ》するときは亦《また》二となる、九二なり、乃《すなは》ち得《え》たところの卦《くわ》は火澤睽《くわたくけい》の九二である。】

上卦《じやうくわ》の離《り》は體《たい》にして、下卦《かくわ》の兌《だ》は用《よう》に、且《か》つ九二の動爻《どうかう》が變《へん》ずるときは、火雷噬嗑《くわらいぜいがふ》となる、上卦《じやうくわ》は離火《りくわ》にして、下卦《かくわ》は震木《しんぼく》なり、本卦《ほんくわ》の下卦《かくわ》兌《だ》は西《にし》と取《と》り、澤《さは》と取《と》る、即《すなは》ち西方《せいはう》の澤《さは》である、變卦《へんくわ》の下卦《かくわ》震《しん》は木《き》と取《と》る、兩下卦《りやうかくわ》を合《あ》はすれば、西《せい》方《はう》の澤中《たくちう》に在《あ》る木《き》と取《と》るべく、沈香《ちんかう》とは爲《な》し難《がた》し、互卦《ごくわ》の上卦《じやうくわ》は坎水《かんすゐ》なり、下卦《かくわ》は離火《りくわ》なり。

【按《あん》ずるに、火澤睽《くわたくけい》の二爻《かう》、三爻《かう》、四爻《かう》は離火《りくわ》なり、三爻《かう》、四爻《かう》、五爻《かう》は坎水《かんすゐ》なり、乃《すなは》ち水火既濟《すゐくわきせい》の卦《くわ》である。】

火上《ひのうへ》に水《みづ》あるは湯《ゆ》の象《しやう》である、又噬嗑《またぜいがふ》の卦《くわ》の互卦《ごくわ》は何《なに》かと尋《たづ》ぬるに、水山蹇《すゐさんけん》の卦《くわ》である。

【按《あん》ずるに、火雷噬嗑《くわらいぜいがふ》の二爻《かう》、三爻《かう》、四爻《かう》は艮山《ごんさん》なり、三爻《かう》、四爻《かう》、五爻《かう》は坎水《かんすゐ》

なり、乃《すなは》ち水山蹇《すゐさんけん》の卦《くわ》である。】

山上《やまのうへ》に水《みづ》あるは、亦澤《またさは》の象《しやう》である、顧《おも》ふに此《こ》の物《もの》は、西方《せいはう》の山上《さんじやう》に在《あ》る潦中《たまりみづのなか》に浸《ひた》したる木《き》なるべし、試《こゝろみ》に湯《ゆ》の中《なか》へ入《い》れて煎《せん》じて見《み》よ。必《かな》らず明瞭《めいれう》なるべし、と、果《はた》して其《そ》の通《とほ》りであつた。

【按《あん》ずるに、以上第《いじやうだい》四十九、第《だい》五十、五十一の三章《しやう》に於《おい》ては、年月日時《ねんげつじつじ》を算《かぞ》へて卦《くわ》と爻《かう》とを布《し》くの占例《せんれい》を述《の》べた、以下《いか》は年月日《としつきひ》を用《もち》ひずして占《うらな》ふの例《れい》を載《の》せんとす、而《そ》して先《ま》づ聲《こゑ》の數《かず》に據《よ》りて占《うらな》ふの例《れい》より說《と》き始《はじ》めん。】

第五十二章　人あり夜間、物を借りに來たる時の占例

邵康節《せうかうせつ》或《あ》る冬《ふゆ》の夜《よ》、其《そ》の子《こ》伯溫《はくおん》と爐《ろ》を圍《かこ》みて談話《はな》し居《ゐ》たるに、門《もん》を叩《たゝ》く者《もの》あり、時《じき》

正《まさ》に酉《とり》の刻《こく》、客《きやく》は一聲《こゑ》を發《はつ》したるのみにて中止《ちうし》し、少選《しばらく》ありて再《ふたゝ》び門《もん》を叩《たゝ》き、五聲《いつこゑ》を發《はつ》して且《か》つ借《か》りたき品物《しなもの》ありて參上《さんじやう》せりと云《い》ふ、邵康節答《せうかうせつこた》へて云《い》ふ、霎時《しばし》その借《か》りたき品物《しなもの》を言《い》ひ給《たま》ひぞと、顧《かへり》みて其《そ》の子伯淵《こはくおん》に向《むか》つて云《い》ふ、豫《かね》て予《よ》が傳《つた》へ置《お》きたる心易《しんえき》に因《よ》りて試《こゝろ》みに其《そ》の品物《しなもの》を占《うらな》ふと、伯淵乃《はくおんすなは》ち最初《さいしよ》の一聲《こゑ》を以《もつ》て乾《けん》とし、次《つぎ》の五聲《こゑ》を以《もつ》て巽《そん》とす、上卦乾《じやうくわけん》にして下卦《かくわ》は巽《そん》なるが故《ゆゑ》に天風姤《てんぷうこう》とす、次《つぎ》に一聲《こゑ》の一と、五聲《こゑ》の五と、酉《とり》の刻《こく》の數《かず》十と、此《こ》の三つを合算《がつさん》して十六と爲《な》し、之《これ》を六にて割《わ》りたるに殘數《ざんすう》は四であつたれば、乃《すなは》ち天風姤《てんぷうこう》の九四とした。

天風姤
九四

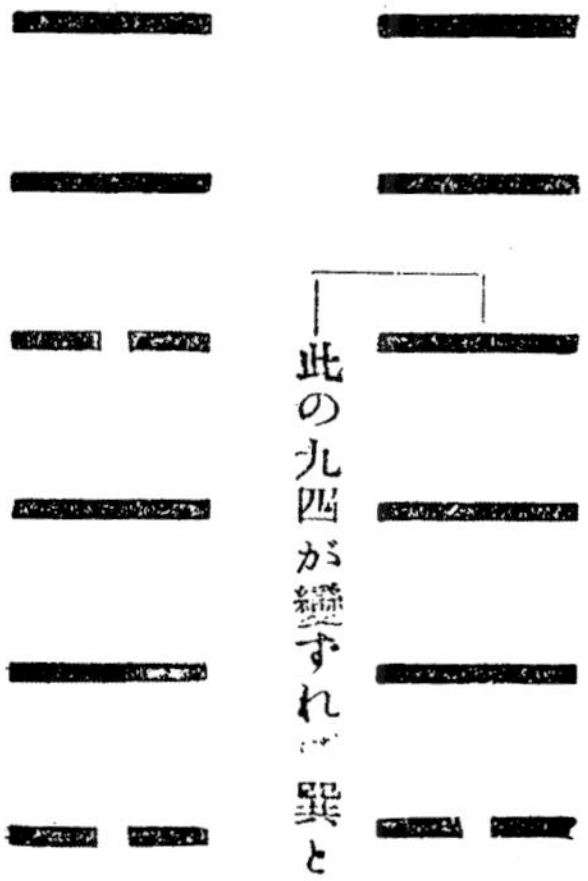

此の九四が變ずれば巽となること左の如し

巽爲風
（之卦）

互卦
乾爲天

さて伯溫《はくおん》は以爲《おもへ》らく、本卦《ほんくわ》、之卦《しくわ》、互卦《ごくわ》の三卦中《くわちう》に、乾金《けんきん》三卦《くわ》、巽木《そんぼく》三卦《くわ》あり。乾《けん》は短《みじ》かき硬金《かうきん》にして、巽《そん》は長《なが》き木《き》なりと、因《よつ》て父《ちゝ》に向《むか》つて云《い》ふ、その品《しな》は必《かな》らず鋤《すき》であるべしと。

しかし邵康節《せうかうせつ》は否定《ひてい》して云《い》へらく、『否々《いなく》謬《あやま》れり、成程卦面上《なるほどくわめんじやう》より考察《かうさつ》するときは左《さ》もあるべし、さりながら道理上《だうりじやう》より推考《すゐかう》するに、夜《よ》に入《い》りて鋤《すき》を借《か》りに來《く》ることはあり得《う》べからず必《かな》らず、斧《をの》を借《か》りに來《き》たのであらふ』と、果《はた》してその通《とほ》りであつた、先生《せんせい》が此《か》く斷定《だんてい》したる理由《わけ》は、斧《をの》は柴《しば》を切るに用《もち》ふるものなるを以《もつ》て夜分《やぶん》に使用《しよう》すべき故《ゆゑ》である。

此《こ》の占《うらひ》のみならず、すべて占《うらな》ひは、卦面《くわめん》によりて判斷《はんだん》すると同時《どうじ》に、道理《だうり》をも併《あは》せ考《かんが》ふべきである。

【按《あん》ずるに。此《こ》の占例《せんれい》は、第《だい》十九章鳥《しやうとり》の鳴《な》く聲《こゑ》を聞《き》きて判斷《はんだん》する法《はふ》の占例《せんれい》である。】

第五十三章　老人の、憂色あるを見て判斷を下したる占例

己丑《つちのとうし》の日《ひ》、卯《う》の刻《こく》、邵康節《せうかうせつ》、途上《とじやう》に於《おい》て一老人《あるらうじん》が東南《とうなん》の方《はう》より來《きた》るに遇《あ》ふた。只《と》見《み》れば何處《いづこ》となく憂色《うれへのいろ》を呈《あら》はして居《ゐ》た、先生《せんせい》、老人《らうじん》に向《むか》つて『何《なに》か心配事《しんぱいごと》にてもあるか』と問《と》ひたるに、『否《いな》、何《なに》も心配事《しんぱいごと》なし』と答《こた》ふ、さるにても憂色《うれへのいろ》あるは訝《いぶ》かしとて先生《せんせい》聽《やが》て占《うらな》はれた、その占法《せんぱふ》、老人《らうじん》を乾《けん》と取《と》りて上卦《じやうくわ》とし、東南方《とうなんばう》を巽《そん》と取《と》りて下卦《かくわ》とし、天風姤《てんふうこう》の卦《くわ》を得《え》た、又乾《またけん》の數《すう》一、巽《そん》の數《すう》五、卯《う》の數《すう》四を合《あ》はせて十とし、之《これ》を六を以《もつ》て割《わ》りたるに殘數《ざんすう》四を得《え》たれば、天風姤《てんふうこう》の卦《くわ》の九四とした、さてその爻辭《かうじ》を觀《み》るに、

『包《つゝみ》に魚《うを》なし。起《た》つときは凶《きよう》なり。』

とありて甚《はなは》だ面白《おもしろ》からず。

【按《あん》ずるに、九四は初六《しよりく》と應《おう》ず、然《しか》るに初六《しよりく》の魚《うを》は既《すで》に九二の得《う》る所《ところ》と爲《な》りて、今《いま》やその苞《つと》の中《なか》は、空蟬《うつせみ》のもぬけがらである、しかし邵氏《せつし》の此《こ》の所《ところ》の意《い》では、老人《らうじん》の死《し》の近《ちか》きに取《と》りたるが如《ごと》し、そして『起《た》つときは凶《きよう》』をば、動《うご》くときは死《し》を速《はや》むると見《み》たのであらふ。】

且《か》つ體卦《たいくわ》は巽木《そんぼく》にして、用卦《ようくわ》は乾金《けんきん》なれば、金剋木《きんこくぼく》とて、用《よう》より體《たい》を剋《こく》す、加之《それのみ》ならず、互卦《ごくわ》も亦乾爲天《またけんゐてん》、即《すなは》ち上下卦共《しやうかくわいとも》に乾金《けんきん》にして、益《ますま》す體《たい》を剋《こく》し、之卦《しくわ》の巽爲風《そんゐふう》は體《たい》を助《たす》くるに道《みち》なければ、此《こ》の卦《くわ》に遇《あ》ひたる以上《いじやう》は、到底生存《たうていせいぞん》の望《のぞ》みなし、殊《こと》に『起《た》つときは凶《きよう》』とある以上《いじやう》は、外出《ぐわいしゆつ》するときは益《ますま》す凶事《きようじ》を速《はや》むべし、先生是《せんせいこゝ》に於《おい》て成卦《せいくわ》の數《すう》乾一、巽五、卯四、合《あは》せて十。を折半《せつぱん》して五と爲《な》し、老人《らうじん》に向《むか》つて云《い》ふ『叟《おきな》よ、今《いま》より五日の中《うち》は外出《ぐわいしゆつ》を見合《みあは》せられよ、さなくば禍《わざはひ》に遭《あ》ふことあらん』と然《しか》るに老人《らうじん》は、それより丁《ちやう》度《ど》五日目《め》に、朋友《ほういう》の家《いへ》に客《きやく》となりて魚《うを》を食《しよく》したれば、その骨《ほね》、咽喉《のど》に立《た》ちて死《し》んだ。

第五十四章　青年の喜色あるを見て判斷を下したる占例

邵康節《せうかうせつ》嘗《かつ》て散策《さんさく》を試《こゝろ》みた時《とき》、南方《なんぱう》より一青年《あるせいねん》の來《きた》るに遇《あ》ふた、青年《せいねん》は何《なに》が嬉《うれ》しいのか、喜色滿面《きしよくまんめん》に溢《あふ》れて居《ゐ》た、邵康節《せうかうせつ》問《と》ふ、足下《そくか》は如何《どん》な樂《たの》しい事《こと》があつて其《そ》の樣《やう》に嬉《うれ》しそうな顏《かほ》をせらるゝのかと、青年《せいねん》は別《べつ》に樂《たの》しき事《こと》なしと答《こた》ふ、邵康節《せうかうせつ》以爲《おもへ》らく、樂《たの》しき事《こと》もなきに喜色《きしよく》の滿面《まんめん》にあらはるゝは理由《わけ》こそあらんと、是《こゝ》に於《おい》て青年《せいねん》を艮《ごん》の卦《くわ》と取《と》りて之《これ》を上卦《じやうくわ》と爲《な》し、又《また》その來《きた》れる方面《はうめん》が南《みなみ》であるを以《もつ》て離《り》の卦《くわ》と取《と》りて之《これ》を下《か》卦《くわ》と爲《な》す、乃《すなは》ち山火賁《さんくわひ》の卦《くわ》である、艮《ごん》の數《すう》は七、離《り》の數《すう》は三、合《あ》はせて十、且《か》つ當日《たうじつ》は壬申《みづのえさる》の日《ひ》にて、時間《じかん》は正午《しやうご》であつたれば、その午《うま》の數《すう》七をば前《まへ》の十に加《くは》へて十七とし、六を以《もつ》て之《これ》を割《わ》りたるに殘數《ざんすう》は五となつた、乃《すなは》ち山火賁《さんくわひ》の六五である、爻辭《かうじ》に云《いは》く、『丘園《きうゑん》を賁《かざ》る、束帛戔々《そくはくさんく》たり、吝《りん》なるも終《つひ》に吉《きつ》なり』と。

【按《あん》ずるに、此《こ》の占《うらな》ひに於《おい》ては、束帛戔々《そくはくさんく》たりを以《もつ》て結納取替《ゆひなうとりかは》せといふ義《ぎ》に見《み》たのであらふ。】

イカニモ吉辭《きつじ》である、之卦《しくわ》は風火家人《ふうくわかじん》なり、互卦《ごくわ》は雷水解《らいすゐかい》なり。

さて本卦《ほんくわ》に於《おい》ては下卦《かくわ》の離火《りくわ》を體《たい》とし、上卦《じやうくわ》の艮少男《ごんせうなん》を用《よう》とす。

之卦《しくわ》の上卦《じやうくわ》は巽木《そんぼく》にして、本卦《ほんくわ》の離火《りくわ》を生《しやう》ず、即《すなは》ち用《よう》より體《たい》を生《しやう》ずるの義《ぎ》となる。

互卦《ごくわ》の上卦《じやうくわ》は震木《しんぼく》にして、亦本卦《またほんくわ》の離火《りくわ》を生《しやう》ず、之卦《しくわ》、互卦共《ごくわとも》に生氣《せいき》の卦《くわ》である。

只《たゞ》だ互卦《ごくわ》の下卦《かくわ》は坎水《かんすゐ》にして、本體《ほんたい》なる離火《りくわ》を剋《こく》すれども、此《こ》の坎水《かんすゐ》より震木《しんぼく》、巽木《そんぼく》の二《ふた》つを生《しやう》じ、而《そ》して二者亦本體《しやまたほんたい》なる離火《りくわ》を生《しやう》ずる故《ゆゑ》に、坎水《かんすゐ》は其《そ》の勢《いきほ》ひおのづから微弱《びじやく》となりて本體《ほんたい》を剋《こく》する程《ほど》の力《ちから》なし。

先生是《せんせいこゝ》に於《おい》て、青年《せいねん》の爲《た》めに判斷《はんだん》を下《くだ》して云《い》ふ、足下《そくか》は今《いま》より十七日以内《いない》に必《かな》らず婚姻《こんいん》の喜《よろこ》びあるべし』と、果《はた》してその通《とほ》りであつた。

第五十五章　牛の哀み鳴くを聞きて判斷を下したる占例

癸卯《みづのとう》の日《ひ》、丁度午《ちやうどうま》の刻《こく》の事《こと》であつた、北方《きたのかた》に於《おい》て牛《うし》の哀《かなし》み鳴《な》く聲《こゑ》が聞《きこ》えた、先生直《せんせいたゞ》ちに占《うらな》はれた、牛《うし》をば坤《こん》の卦《くわ》と取《と》りて之《これ》を上卦《じやうくわ》とし、北方《きたのかた》をば坎《かん》の卦《くわ》と取《と》りて之《これ》を下《か》卦《くわ》とした、乃《すなは》ち地水師《ちすゐし》の卦《くわ》である、さて坤《こん》八、坎《かん》六、合《あは》せて十四、之《これ》に午《うま》の數《すう》七を加《くは》へて二十一、六を以《もつ》て割《わ》るときは、殘數《ざんすう》三、地水師《ちすゐし》の六三爻《かう》である、爻辭《かうじ》に云《い》ふ『師《いくさ》或《あるひ》は尸《しかばね》を輿《にな》ふ、凶《きよう》なり』と、頗《すこぶ》る凶辭《きようじ》である。

【按《あん》ずるに、此《こ》の爻《かう》は元來戰爭《ぐわんらいせんさう》に大敗《たいはい》して、我《わ》が兵多《へいおほ》く死亡《しばう》するの象《しやう》なり、今因《いまよつ》て以《もつ》て牛《うし》の死亡《しばう》を免《まぬ》かれざるの象《しやう》としたのであらふ。】

又之卦《またしくわ》は地風升《ちふうしよう》にして、用卦《ようくわ》の巽木《そんぼく》は體卦《たいくわ》の坤土《こんど》を剋《こく》す、且《か》つ互卦《ごくわ》は地雷復《ちらいふく》にして、用卦《よこくわ》の震木又坤土《しんぼくまたこんど》を剋《こく》す、されば之巽《しそん》、互震《ごしん》の二者皆木《しやみなき》にして二者共《しとも》に體《たい》を剋《こく》し、殊《こと》に卦《くわちう》一も體《たい》を生《しやう》ずるものなし。

玆《こゝ》に斷定《だんてい》を下《くだ》して云《い》ふ、憐《あはれ》むべし、此《こ》の牛《うし》は、二十一日以内《いない》に必《かな》らず屠殺《とさつ》の禍《わざはひ》を破《かう》むるならんと、果《はた》せるかな、其《そ》の後第《のちだい》二十一日に、人《ひと》あり、來《きた》りて此《こ》の牛《うし》を買《か》ひ取《と》り屠《はふ》り殺《ころ》して細工《さいく》人《にん》に與《あた》へたりとぞ。

第五十六章　鷄の哀み鳴くを聞きて判斷を下したる占例

甲申《きのえさる》の日《ひ》、卯《う》の時《とき》の事《こと》であつた、戌亥《いぬゐ》の方《かた》に當《あた》りて雞《にはとり》の鳴《な》くのが聞《きこ》え、其《そ》の聲《こゑ》いと悲《かな》しく、頗《すこぶ》る憐《あ》はれであつた、因《よつ》て先生《せんせい》には取《と》り敢《あ》えず占《うらな》はれた、さて雞《にはとり》をば巽を取りて之《これ》を上卦《じやうくわ》と爲《な》し、戌亥《いぬゐ》をば乾《けん》と取《と》りて之《これ》を下卦《かくわ》と爲《な》し、又巽《またそん》五、乾《けん》一に卯《う》四を加《くは》ふれば十となる、之《これ》を六にて除《ぢよ》するときは殘數《ざんすう》は四である、是《こ》れ風天小畜《ふうてんせうちく》の六四爻《かう》なり、爻辭《かうじ》に云《いは》く、『孚《まこと》あれば血《ち》去《さ》り、惕《おそれ》出《い》づ、咎《とが》なし』と、

先生《せんせい》は之《これ》を雞《にはとり》を割《さ》くの義《ぎ》に取《と》つた。

さて本卦《ほんくわ》は風天小畜《ふうてんせうちく》にして、下卦《かくわ》の乾金《けんきん》を體《たい》とし、上卦《じやうくわ》の巽木《そんぼく》を用《よう》とす、體《たい》より用《よう》を剋《こく》するを以《もつ》て害《がい》なきに似《に》たれども、互卦《ごくわ》が火澤睽《くわたくけい》にして、上卦《じやうくわ》の離火《りくわ》は乾金《けんきん》を剋《こく》し加之《それのみ》ならず、本卦《ほんくわ》の上卦《じやうくわ》たる巽木《そんぼく》が離火《りくわ》を生《しやう》じ、その薪《たきゞ》となりて本體《ほんたい》なる乾《けん》を烹《に》るの象《しやう》あり、先生《せんせい》乃《すなは》ち斷定《だんてい》を下《くだ》して云《い》ふ。

『此《こ》の雞《にはとり》は十日以内《いない》に於《おい》て烹《に》らるべし』

と、果《はた》して第《だい》十日に客來《きやくきた》り、炮《つゝみやき》にして之《これ》を食《しよく》した。

【此《こ》の占《うらなひ》は、上文《じやうぶん》なる牛《うし》の占《うらな》ひと、その趣《おもむき》全《まつた》く同《おな》じ。】

第五十七章　大木の枯枝が地に墜つるを見た時の占例

戊子《つちのえね》の日《ひ》の朝辰刻《あさたつのこく》の事《こと》であつた、先生偶々途上《せんせいたま〳〵とじやう》に於《おい》て、路傍《ろばう》なる大木《たいぼく》の枯枝《かれえだ》が雨《あめ》もなく、風《かぜ》もなきに、西方《にしのかた》に墜《お》つるを見《み》た、先生以爲《せんせいおもへ》らく何《なに》か仔細《しさい》あらん、イデ占《うらな》ひ呉《く》れんと、先《ま》づその枯木《かれき》木大を離《り》の卦《くわ》と取《と》りて上卦《じやうくわ》とし、西方《にしのかた》を兌《だ》の卦《くわ》と取《と》りて下卦《かくわ》とす乃《すなは》ち火澤睽《くわたくけい》の卦《くわ》である、又離《またり》三、兌《だ》二、合《あは》せて五、之《これ》に辰《たつ》の數《すう》五を加《くは》へて十とし、六を以《もつ》て之《これ》除《ちよ》したれば、殘數《ざんすう》は四であつた、即《すなは》ち火澤睽《くわたくけい》の九四爻《かう》である、爻辭《かうじ》に云《いは》く、『睽孤《けいこ》。元夫《げんふ》に遇《あ》ひ、交々孚《こも〴〵まこと》す、厲《あや》ふけれども咎《とが》なし』と。

さて本卦《ほんくわ》に於《おい》ては、體《たい》は兌金《だきん》にして、用《よう》は離火《りくわ》、火剋金《くわこくきん》とて、用《よう》より體《たい》を剋《こく》するのである、之卦《しくわ》は山澤損《さんたくそん》、互卦《ごくわ》は水火既濟《すゐくわきせい》にして、體《たい》を傷《そこな》ふものにはあらねども、睽《けい》はそむくの意《い》、損《そん》はそこなふの意《い》にて、兩卦名共《りやうくわめいとも》に傷害《しやうがい》の意《い》を含《ふく》む。

先生是《せんせいこゝ》に於《おい》て断案《だんあん》を下《くだ》して云《い》ふ、此《こ》の木《き》、十日を過《す》ぎずして伐《き》らるべしと、果《はた》して十日目《め》に當《あた》つて、人《ひと》あり、此《こ》の木《き》を伐《き》りて公廨《やくしよ》を造《つく》る。而《そ》して其《そ》の大工《だいく》は元夫《げんふ》トいふ者《もの》であつたとぞ。

第五十八章　見眞寺の額を見て女難の將に來らんとするを知る

一日《あるひ》散策《さんさく》を試《こゝろ》みた折《をり》、不圖《ふと》見眞寺《けんしんじ》の額《がく》を見《み》たるに、眞《しん》の字《じ》が直《ちよく》の字《じ》に作《つく》つてあつた、怪《あや》しみて之《これ》を占《うらな》ふことゝした、さて見《けん》の字《じ》は七畫《くわく》なるを以《もつ》て艮《ごん》の卦《くわ》である、之《これ》を上卦《じやうくわ》とす、直《ちよく》の字《じ》は八畫《くわく》なれば坤《こん》の卦《くわ》である、之《これ》を下卦《かくわ》とす、そこで艮《ごん》七、坤《こん》八、合《あは》せて十五、六を以《もつ》て割《わ》るときは殘數《ざんすう》は三である、故《ゆゑ》に本卦《ほんくわ》は山地剝《さんちはく》にして、動爻《どうかう》は六三、又《また》之卦《しくわ》は艮爲山《ごんゐさん》。互卦《ごくわ》は坤爲地《こんゐち》である、是《こゝ》に於《おい》て判斷《はんだん》を下《くだ》して云《い》ふ、元來寺《ぐわんらいてら》は男子《だんし》のみ居《を》りて、女人《によにん》の居《を》らぬべき場所《ばしよ》である、さるに今山地剝《いまさんちはく》の卦《くわ》を觀《み》るに、陽爻《やうかう》は只《た》だ一つにして、他《た》の五爻《かう》は皆陰《みないん》である、互卦《ごくわ》に至《いた》りては坤爲地《こんゐち》ゆゑに、六陰《いん》ありて一陽《やう》なく、互卦《ごくわ》の艮爲山《ごんゐざん》とても、四陰《いん》ありて、陽爻《やうかう》は只《た》だ二つに止《とゞ》まる、それゆゑ本卦《ほんくわ》、之卦《しくわ》、互卦《ごくわ》を合《あは》せて十八爻《かう》の中《うち》、十五爻《かう》は皆陰《みないん》にして、陽爻《やうかう》は纔《わづ》かに三つより外《ほか》なく、餘《あま》りに權衡《つりあひ》を失《うなつ》て居《を》る、殊《こと》に本卦《ほんくわ》たる山地剝《さんちはく》は、群陰《ぐんいん》が一陽《やう》を剝《はく》するの卦《くわ》なれば、彼《か》れ此《こ》れ以《もつ》て推考《すゐかう》するに、女人《によにん》の居《そ》るまじき寺院《じゐん》に、竊《ひそ》かに女人《によにん》を抱《かゝ》へありて、それが爲《た》めに禍《わざはひ》を釀《かも》すにはあらざるかと、依《よつ》て寺僧《じそう》に問《と》ひ糺《たゞ》すに、果《はた》して女人《によにん》を抱《かゝ》へあり。

先生《せんせい》、寺僧《じそう》に誡告《かいこく》して云《い》ふ、那《あ》の額《がく》は元來見眞寺《ぐわんらいけんしんじ》と書《しる》すべきを、何故《なにゆゑ》か見直寺《けんちよくじ》に作《さく》りあり、此《こ》の儘《まゝ》にて置《お》かば必《かなら》ず女難《ぢよなん》を去《さ》らざるべし、急《きふ》に見眞寺《けんしんじ》に改《あらた》められよ、さらば禍《わざはひ》を免《まぬ》かるべし、蓋《けだ》し群陰《ぐんいん》、陽《やう》を剝《はく》するの象《しやう》ある故《ゆゑ》に、女子《ぢよし》互《たがひ》に軋轢《あつれき》して累《わづらひ》を男子《だんし》に及《およ》ぼさんとす、若《も》し字畫《じくわく》を正《たゞ》して、字《じ》を改《あらた》められなば、見《けん》は七畫《くわく》にして艮《ごん》なり。

眞《しん》は十畫《くわく》にして、八畫《くわく》を除《のぞ》くときは二畫《くわく》、即《すなは》ち兌《だ》なり、然《しか》らば山澤損《さんたくそん》となるべし、又《また》艮《ごん》七、兌《だ》二、外《はか》に八畫《くわく》ありて合計《がふけい》十七畫《くわく》なるに依《よ》り、六を以《もつ》て割《わ》るときは殘數《ざんすう》五、即《すなは》ち山澤損《さんたくそん》の六五にして、體《たい》は兌金《だきん》、用《よう》は艮土《ごんど》、土生金《どせいきん》とて、用《よう》より體《たい》を生《しやう》ずるが故《ゆゑ》に吉占《きつせん》である、殊《こと》に互卦《ごくわ》の地雷復《ちらいふく》も亦上卦《またじやうくわ》は坤土《こんど》にして、體《たい》の兌金《だきん》を生《しやう》じ、その下卦《かくわ》なる震木《しんぼく》も、又之卦《またしくわ》風澤中孚《ふうたくちうふ》の上卦《じやうくわ》なる巽木《そんぼく》も皆體《みなたい》より之《これ》を剋《こく》し、下卦《かくわ》なる兌金《だきん》は、體《たい》と相比和《あひひわ》するを以《もつ》て、乃《すなは》ち充分《じうぶん》なる吉卦《きつくわ》にして、安穩《あんおん》ならんと。

寺僧《じそう》、その誡告《かいこく》に從《したが》ひて文字《もんじ》を改《あらた》めたるに、爾來紛爭《じらいふんさう》は一掃《さう》せられた。

【按《あん》ずるに、高島呑象先生山地剝《たかしまどんしやうせんせいさんちはく》の五爻變奇病《かうへんきびやう》を占《うらな》ふて若宮《わかみや》なる鍼治家《しんぢか》を得《え》たる如《ごと》き易理《えきり》の妙此占《めうこのせん》と相似《あひに》て面白《おもしろ》からず哉《や》。】

第五十九章　今日動勢何如の占法

客《きやく》あり、先生《せんせい》に問《とふ》て云《い》ふ。

『今日動静何如《こんにちどうせいゝかん》』

と、先生因《せんせいよつ》て此《こ》の六字《じ》を等分《とうぶん》して、今日動《こんにちどう》の三字《じ》を上卦《じやうくわ》と爲《な》し、靜何如《せいゝかん》の三字《じ》を下卦《くわ》として占《うらな》はれた、而《そ》して彼《か》の平仄《ひやうそく》の占法《せんぱふ》に據《よ》り、（第十八章を見るべし。）今《いま》の字《じ》は平聲《ひやうせい》なるを以《もつ》て其《そ》の數《すう》を一とし、日《ひ》の字《じ》は入聲《にふしやう》なれば其《そ》の數《すう》を四とし、動《どう》の字《じ》は去聲《きよせい》なれば其《そ》の數《すう》を三とす。上卦《じやうくわ》は合《あは》せて八となる、即《すなは》ち坤《こん》の卦《くわ》である、又靜《またせい》の字《じ》は去聲《きよせい》なれば其《そ》の數《すう》を三とし、何《か》の字《じ》は平聲《ひやうせい》なれば其《そ》の數《すう》を一とし、如《ぢよ》の字《じ》は平聲《ひやうせい》なれば、亦其《またそ》の數《すう》を一とす下卦《かくわ》は合《あは》せて五となる、即《すなは》ち巽《そん》の卦《くわ》である、坤《こん》八、巽《そん》五、合《あは》せて十三、六を以《もつ》て之《これ》を割《わ》るときは一殘《のこ》る、よりて得《う》る所《ところ》は地風升《ちふうしよう》の初六《しよりく》であることを知《し》つた。

又此《またこ》の初六《しよりく》が變《へん》ずると地天泰《ちてんたい》である、即《すなは》ち之卦《しくわ》は地天泰《ちてんたい》である。

又地風升《またちふうしよう》の二爻《かう》、三爻《かう》、四爻《かう》は兌《だ》なり、三爻《かう》、四爻《かう》、五爻《かう》は震《しん》なり、即《すなは》ち互卦《ごくわ》は雷《らい》澤歸妹《たくきまい》である。

先生乃《せんせいすなは》ち判斷《はんだん》を下《くだ》して、客《きやく》に答《こた》へて云《い》ふ。

『足下《そくか》は今夕《こんゆふ》他《た》へ招待《せうたい》せらるべし、座客《ざかく》は餘《あま》り多《おほ》からず、酒《さけ》は少《すく》なくして醉《よ》ふに至《いた》らず、下物《さかな》は纔《わづ》かに雞《にはとり》と黍《きみ》とのみであらふ。』

客《きやく》は果《はた》して其《そ》の晩《ばん》に友人《いうじん》の家《いへ》に招待《せつてい》せられ、萬事《ばんじ》先生《せんせい》の言《い》はれた通《とほ》りであつた。

さて先生《せんせい》が此《か》く判斷《はんだん》を下《くだ》されたる理由《りいう》は如何《いかん》と尋《たづ》ぬるに左《さ》の如《ごと》し。

【第一《だい》】地風升《ちふうしよう》の卦《くわ》は、其《そ》の六五にも『貞吉《ていきつ》にして階《かい》に升《のぼ》る』とあり。虞仲翔《ぐちうしやう》の解《かい》に『巽《そん》を高《たか》しと爲《な》し、坤《こん》を土《ど》と爲《な》し、震《しん》を高《たか》きに升《のぼ》ると爲《な》す。故《ゆゑ》に階《かい》に升《のぼ》るなり』とあり、乃《すなは》ち他人《たにん》の家《いへ》に招待《せうてい》せられて階《かい》を升《のぼ》るの象《しやう》である。

【第二《だい》】互卦《ごくわ》は雷澤歸妹《らいたくきまい》にて、上卦《じやうくわ》は震《しん》、下卦《かくわ》は兌《だ》、震《しん》を東《ひがし》と爲《な》し、兌《だ》を西《にし》と爲《な》す。主客相對坐《しゆかくあひたいざ》するの意《い》あり、又兌《まただ》を口《くち》と爲《な》し、之卦《しくわ》地天泰の坤《こん》を腹《はら》と爲《な》す、口腹《こうふく》の象《しやう》あり、これは飲食《いんしよく》の席《せき》に招《まね》かるゝの意《い》である。

【第三《だい》】本之互《ほんしご》の中《うち》に、坤《こん》の卦《くわ》は只《た》だ之卦《しくわ》に在《あ》るのみにて他《た》に同卦《どうくわ》なし、これ客人多《きやくじんおほ》からざるの象《しやう》である。

【第四】坤《こん》を黍稷《しよしよく》と爲《な》し、巽《そん》を雞《にはとり》と爲《な》す、然《しか》るに巽《そん》は只《た》だ本卦《ほんくわ》の下卦《かくわ》あるのみ、坤《こん》も亦《また》前項《ぜんかう》の如《ごと》く只《た》だ一卦《いつくわ》あるのみ、且《か》つ三卦《くわ》の中《うち》に、坤土《こんど》を生《しやう》ずるの離火《りくわ》もなければ、巽木《そんぼく》を生《しやう》ずるの坎水《かんすゐ》もなし、故《ゆゑ》に品味《ひんみ》の豐富《ほうふ》ならざることが明《あきら》かである。

【第五】坎《かん》を酒《さけ》と爲《な》す、さるに三卦《くわ》の中《うち》に坎《かん》なし、しかし酒《さけ》の全《まつた》くなきの理《り》なく、且《か》つ兌《だ》の卦《くわ》坤《こん》の卦《くわ》の口腹《こうふく》もある事《こと》なれば、酒《さけ》はあるにはあるに相違《さうゐ》なけれども、其《そ》の甚《はなは》だ少量《せうりやう》であることを知《し》つたのである。

第六十章　陰陽の消息

上文《じやうぶん》に於《おい》て屢々《しば／＼》陰陽《いんやう》の消息《せうそく》といふ事《こと》を云《い》つた、元來《ぐわんらい》易《えき》に於《おい》ては、陽《やう》の次第《しだい》に隆盛《りうせい》に赴《おもむ》くを息《そく》といひ、陰《いん》の次第《しだい》に隆盛《りうせい》に赴《おもむ》くを消《せう》といふ、畢竟《ひつきやう》陽《やう》を主《しゆ》にして言《こと》を爲《な》す故《ゆゑ》に此《か》くいつたものである、されば息《そく》とは陽《やう》の息《そく》するを指《さ》して言《い》ひ、消《せう》とは亦《また》陽《やう》の消《せう》するを指《さ》して言《い》つたものである、但《たゞ》し陰暦《いんれき》十一月冬至に於《おい》て陽氣《やうき》始《はじ》めて復《ふく》し、それより次第《しだい》に長《ちやう》じて、陰暦《いんれき》四月には全《まつた》く隆盛《りうせい》を極《きは》め、一點《てん》の陰氣《いんき》なき純陽《じゆんやう》の月となる、しかし翌《よく》五月には陰氣《いんき》始《はじ》めて萌《きざ》し、それより六月、七月と次第《しだい》に成長《せいちやう》して、十月には純陰《じゆんいん》の月となる、之《これ》を卦《くわ》に充《あ》てゝ言《い》へば、

陰暦《いんれき》十一月　䷗　地《ち》雷《らい》復《ふく》

陽氣《いんき》始《はじ》めて復《ふく》するなり。追々《おひ／＼》吉兆《きつてう》に向《むか》ふべけれども、陽氣《やうき》猶微弱《なほびじやく》なれば、時節《じせつ》を待《ま》つべし、妄《みだ》りに進《すゝ》むはよろしからず。

陰暦《いんれき》十二月　䷒　地《ち》澤《たく》臨《りん》

陽氣稍々《やうきやゝ》長《ちやう》じて二爻《かう》に進《すゝ》んだ、臨《りん》とは大《おほい》なりといふ義《ぎ》、二陽漸《やうやうや》く長《ちやう》じて盛大《せいだい》となり、群陰《ぐんいん》に迫《せま》る、しかし盛火《せいだい》に赴《おもむ》くべきを豫想《よさう》して言語動作《げんごどうさ》を愼《つゝし》まず、猥《みだ》りに大言《たいげん》を吐《は》き、傲慢《がうまん》の心《こゝろ》を生《しやう》ずるときは、思《おも》はぬ失敗《しつぱい》を招《まね》くべし、卦辭《くわじ》に『八月に至《いた》りて凶《きよう》あり』とあるは、貞正《ていせい》を守《まも》らざるの致《いた》す所《ところ》である。

陰曆《いんれき》正　月　☷☰　地《ち》天《てん》泰《たい》

陽《やう》既《すで》に進《すゝ》みて三爻《かう》に至《いた》る、上卦《じやうくわ》は坤地《こんち》、下卦《かくわ》は乾天《けんてん》、坤《こん》が上卦《じやうくわ》に在《あ》りて乾《けん》が下《か》卦《くわ》に在《あ》るは、地《ち》が天《てん》の上《うへ》に在《あ》るの意《い》にはあらず、泰《たい》とは通《とほ》るの義《ぎ》にて、地氣《ちき》は升《のぼ》りて天《てん》に通《つう》じ、天氣《てんき》は降《くだ》りて地《ち》に達《たつ》し、天地陰陽相交《てんちいんやうあひまじは》るの意《い》である、人事《じんじ》に於《おい》ても右《みぎ》の如《ごと》く、上下和合《しやうかわがふ》し、天下泰平《てんかたいへい》である、しかし泰平《たいへい》に安《やす》んじ、安《あん》に居《ゐ》て危《き》を忘《わす》るゝときは、乍《たちま》ち此《こ》の卦《くわ》は顚倒《てんたう》して泰《たい》☷☰は否《ひ》☰☷に變《へん》じ易《やす》し、是《こ》れ大亂《たいらん》の基《もと》ひ、一家《か》一身《しん》を以《もつ》て言《い》へば、浮沈《ふちん》その境遇《きやうぐう》を反《はん》するのである。

陰曆《いんれき》二　月　☳☰　雷天大壯《らいてんたいさう》

陽《やう》は益《ます〱》す長《ちやう》じて四陽《やう》二陰《いん》の卦《くわ》と爲《な》る、卦名大壯《くわめいたいさう》の大《たい》は陽《やう》を指《さ》して言《い》ひ、壯《さう》とは、さかんなる義《ぎ》とも取《と》るべく、又虞仲翔《またぐちうしやう》、惠定字《けいていう》、張皐文等《ちやうかうぶんら》の說《せつ》の如《ごと》く、やぶるゝ義《ぎ》とも取《と》るべし、孰《いづ》れにしても陽盛《やうさかん》に進《すゝ》みて大《だい》に過《すぐ》るゆゑ、輙《やゝ》もすれば强壯《きやうさう》に誇《ほこ》りて却《かへつ》て過失《くわしつ》を生《しやう》じ易《やす》し、只管正《ひたすらたゞ》しきを以《もつ》て進《すゝ》むべし、否《しか》らざれば陰《いん》の爲《ため》めに傷《やぶ》らるゝの惧《おそ》れあり。

陰暦《いんれき》三月　䷪　澤天夬《たくてんくわい》

夬《くわい》は決《けつ》なりとて、五陽《やう》、一陰《いん》を決《けつ》し去《さ》らんとするの卦《くわ》である、君子《くんし》益《ますま》す勢《いきほ》ひを得《え》、小人《せうじん》は消衰《せうすゐ》して將《まさ》に盡《つ》きんとするの時《とき》である、只《た》だ寛大《くわんだい》にして果斷《くわだん》なるをよろしとす、短慮猛激《たんりよまうげき》なるときは事《こと》を誤《あやま》るべし。

陰暦《いんれき》四月　䷀　乾爲天《けんゐてん》

陰既《いんすで》に消盡《せうじん》して純陽《じゆんやう》の卦《くわ》となる、芽出《めで》たき事《こと》、量《かぎり》なし、然《しか》れども物極《ものきは》まれば則《すなは》ち變《へん》ずるは、數《すう》に於《おい》て免《まぬ》がれざる所《ところ》なれば、身《み》を謹《つゝし》み、行《おこなひ》を正《たゞ》しくして、只管《ひたすら》中正《ちうせい》を旨《むね》とし、亢龍《かうりやう》——即《すなは》ち上《のぼ》りて下《くだ》ること能《あた》はず、伸《の》びて屈《くつ》すること能《あた》はざる——の悔《くひ》を招《まね》かぬやうに心掛《こゝろが》くることが肝腎《かんじん》である。

陰暦《いんれき》五月　䷫　天風姤《てんぷうこう》

陽極《やうきは》まつて陰《いん》を生《しやう》じ、治極《ちきは》まつて亂《らん》を生《しやう》す。今《いま》や一陰《いん》、下《しも》に生《しやう》じて、是《こ》れより次第《しだい》に陽《やう》を消《せう》せんとす、卦辭《くわじ》にも『女壯《ぢよさかん》なり』とあるは、一人《にん》の女子《ぢよし》が五人《にん》の男《だん》子《し》を掌上《しやうじやう》に飜弄《ほんらう》するの卦《くわ》、將《は》た小人《せうじん》の爲《た》めに君子《くんし》の漸《やうや》く害《がい》せられんとするをいふ、頼朝《よりとも》、秀吉《ひでよし》の如《ごと》き不世出《ふせいしゆつ》の英雄《えいゆう》すらも猶政子《なほまさこ》、淀君《よどぎみ》の爲《た》めに聰明《そうめい》の幾分《いくぶん》を掩蔽《えんぺい》された、況《い》はんや、庸人《ようじん》が妖婦奸人《えうふかんじん》の爲《た》めに產《さん》を敗《やぶ》り、身《み》を誤《あや》まるをや、但《たゞ》し此《こ》の一陰《いん》は必《かな》らずしも妖婦小人《えうふせうじん》とのみは見《み》るべからず、又惡運《またあくうん》とも見《み》るべく、過失《くわしつ》とも見《み》るべし、昨日《さくじつ》までも幸福圓滿《かうふくゑんまん》であつた一身《しん》、若《も》しくは一家《か》へ、惡運《あくうん》が入込《いりこ》み、從來成功《じうらいせいこう》に成功《せいこう》を累《かさ》ねた我《わ》が身《み》が失敗《しつぱい》の端緒《たんちよ》を開《ひら》くなども亦此《またこ》の卦《くわ》の象《しやう》である、懼《おそ》れ戒《いまし》めざるべけんや。

陰曆《いんれき》六月　䷠　天山遯《てんざんとん》

陰《いん》漸《やうや》く長《ちやう》じて、小人漸《せうじんやうや》く盛《さか》んに、君子《くんし》は退《しりぞ》きて之《これ》を避《さ》けんとす、猶艮山《なほごんざん》が高《たか》く聳《そび》えて天《てん》を衝《つ》かんとすれども、天《てん》は高《たか》く遠《とほ》くして到底及《たうていおよ》びがたきがごとし、此《こ》の卦《くわ》は天風姤《てんふうこう》の第《だい》二爻《かう》が變《へん》じて艮《ごん》少男となりたるものにて、是《こ》れ迄《まで》の乾《けん》爻（二三四)は、それが爲《た》めに毀《そこな》はれた、故《ゆゑ》に子《こ》艮小男が父《ちゝ》乾父を弑《しひ》するの卦《くわ》とも取《と》る、油《ゆ》斷《だん》のならぬ爻《かう》なり。

陰暦《いんれき》七月　䷋　天地否《てんちひ》

前《まへ》の地天泰《ちてんたい》と全《まつた》く相反《あひはん》し、陰既《いんすで》に進《すゝ》みて三爻《かう》に至《いた》る、上卦《じやうくわ》は乾天《けんてん》、下卦《かくわ》は坤地《こんち》、乾《けん》が上卦《じやうくわ》に在《あ》りて、坤《こん》が下卦《かくわ》に在《あ》るは、一寸考《ちよつとかんが》へると、天《てん》が地《ち》の上《うへ》に在《あ》りて、順當《じゆんたう》のやうに思《おも》はるれども、決《けつ》して然《しか》らず、否《ひ》は塞《ふさ》がる義《ぎ》にて、地氣《ちき》は升《のぼ》らず、天氣《てんき》は降《くだ》らず、天地《てんち》隔絶《かくぜつ》して相交《あひまじ》はらざるの意《い》である、人事《じんじ》に就《つい》て言《い》ふも、小《せう》人《じん》陰内《うち》下卦、即ち内卦に在《あ》りて跋扈《ばつこ》し、君子《くんし》陽は外《ほか》上卦、即ち外卦に難《なん》を避《さ》くるの象《しやう》である、且《か》つ此《こ》の卦《くわ》は、もと天山遯《てんざんとん》の第《だい》三爻《かう》が變《へん》じて坤《こん》臣となりたるものにて、是《こ》れ迄《まで》の乾《けん》君(三四五)は、それが爲《た》めに毀《そこな》はれたれば、臣《しん》坤が君《きみ》乾を弑《しひ》するの卦《くわ》とも取《と》る、されば彖傳《たんでん》にも『天下《てんか》、邦《くに》なきなり』とあり、國家《こくか》の大綱亂《たいかうみだ》れて、邦《くに》あるも、邦《くに》なきに同《おな》じきなり。

しかしながら事《こと》を愼《つゝし》み、正《せい》を以《もつ》てみづから守《まも》るときは、否《ひ》は變《へん》じて泰《たい》となり、禍《わざはひ》は反《かへつ》て福《さいはひ》となる、六五の爻辭《かうじ》に『それ亡《ほろ》びん……といへば、苞桑《はうさう》に繋《つな》がる』とあるは是《こ》れなり。

陰暦《いんれき》八　月　䷓　風地観《ふうちくわん》

按《あん》ずるに、此《こ》の卦《くわ》は陰益《いんますま》す進《すゝ》みて、下卦《かくわ》を全《まつた》く消盡《せうじん》し、今《いま》やまた上卦《じやうくわ》を消《せう》せんとす、上卦《じやうくわ》の乾《けん》は既《すで》に毀《そこな》はれた、上卦《じやうくわ》の乾《けん》を若《も》し帝王《ていわう》と取《と》るならば、或《あるひ》は寶祚《はうそ》顚覆《てんぷく》の象《しやう》とも見《み》らるべし、さりながら其《そ》のやうな言辭《ことば》は忌《い》むべきものとして、故《こと》さらに象《しやう》の取《と》り方《かた》を一轉《てん》し、五爻《かう》の天子《てんし》に、四爻《かう》の諸侯《しよこう》が接近《せつきん》するゆゑに、諸侯《しよこう》が天子《てんし》に朝見《てうけん》するの象《しやう》と取《と》る、しかし如上《ぢよじやう》の象《しやう》は免《まぬ》かれ難《がた》きに依《よ》り、出來《でき》得《う》べきだけ急躁《きふさう》を愼《つゝし》み、柔順《じうじゆん》を旨《むね》とし、謙遜《けんそん》に止《とゞ》まりて、新規《しんき》の望《のぞ》みを起《おこ》さぬをよろしとす。

陰暦《いんれき》九　月　䷖　山地剝《さんちはく》

剝《はく》は落《らく》なりとて、五陰頗《いんすこぶ》る盛《さか》んに、一陽《やう》わづかに存《そん》するも、所謂孤城落日《いはゆるこじやうらくじつ》の狀《あり》態《さま》にて、今《いま》にも剝落《はくらく》せんとす、又剝《またはく》は家傳《たんでん》にもいふ如《ごと》く、文字《もんじ》の通《とほ》り、陽《やう》が次《し》第《だい》に剝《は》ぎ取《と》らるゝの義《ぎ》ともなる、孰《いづ》れにしても小人壯《せうじんさか》んに、君子衰《くんしおとろ》ふるの卦《くわ》なれば、其《そ》の不吉《ふきつ》なる事《こと》は言《い》ふを待《ま》たず、岌々乎《きふ〳〵こ》として危《あや》ふく、心身共《しん〳〵とも》に安定《あんてい》を缺《か》くの象《しやう》である。

さりながら物窮《ものきは》まれば則《すなは》ち變《へん》す、純陰《じゆんいん》の坤《こん》を經《へ》て忽《たちま》ち一陽來復《やうらいふく》の卦《くわ》となる、必《なか》らずしも落膽《らくたん》すべきにあらず、不幸《ふかう》の極度《きよくど》に陷《おちい》るは則《すなは》ち軈《やが》て幸福《かうふく》の來《きた》るべき豫《よ》兆《てう》である、

且《か》つ既《すで》に第八章《だいしやう》に於《おい》て述《の》べた通《とほ》り、剝《はく》は乾宮五世卦《けんきうせいくわ》にして、更《さ》らに進《すゝ》めば四爻《かう》に戻《もど》つて火地晉《くわちしん》となる、火地晉《くわちしん》は太陽《たいやう》が地上《ちじやう》に升《のぼ》るの卦《くわ》、即《すなは》ち日出《ひので》の卦《くわ》にして、夜《よる》より再《ふたゝ》び晝《ひる》に復《ふく》し、否運《ひうん》より好運《かううん》の端緒《いとぐち》を開《ひら》くのである、只《ご》だ辛抱《しんばう》が肝腎《かんじん》と知《し》るべし。

陰暦《いんれき》十月　☷☷　坤《こん》為《ゐ》地《ち》

純陰《じゆんいん》の卦《くわ》である、故《ゆゑ》に陰陽消長《いんやうせうちやう》の點《てん》より言《い》へば、決《けつ》して吉卦《きつくわ》とは言《い》ひがたし、現《げん》に此《こ》の卦《くわ》の極度《きよくど》たる上六《じやうりく》には、『龍《りやう》、野《や》に戰《たゝか》ふ、其《そ》の血玄黄《ちげんくわう》』とありて、小人《せうじん》が増長《ぞうちやう》すれば、主人《しゆじん》の權《けん》を侵《おか》し、主人《しゆじん》と擬《まぎら》はしきに至《いた》ることを説《と》き、且《か》つその初六《しよりく》に於《おい》てすら『霜《しも》を履《ふん》で堅氷至《けんぴやういた》る』とありて、小人妖婦《せうじんえうふ》の主人《しゆじん》に取入《とりい》る其《そ》の初《はじ》めは、イカにも柔順《じうじゆん》にまめやかにして、巧《たくみ》に主人《しゆじん》の意《い》を迎《むか》ふることに勉《つと》むれども、此《こ》の時早既《じきはやすで》に將來《しやうらい》の禍機《くわき》を包藏《はうざう》して居《を》るのである、それより推《お》して我《わ》が財《ざい》産《さん》も、快樂《くわいらく》も、皆當初《みなはじめ》に於《おい》て之《これ》に耽《ふけ》り、之《これ》を浪費《らうひ》するの端緒《いとぐち》を開《ひら》くときは、その惡習次第《あくしふしだい》に増長《ぞうちやう》して、終《つひ》に財《さん》を破《やぶ》り、身《み》を凶《ほろ》ぼすべき事《こと》を思《おも》ふてみづから警《けい》誡《かい》せざるべからず、但《たゞ》し其《そ》の禍《わざはひ》を防《ふせ》ぐは、一に柔順《じうじゆん》と勞苦《らうく》とに在《あ》り。

さるを以《もつ》て又一面《めん》より坤《こん》の卦《くわ》を得《え》たる者《もの》には、謙遜柔順勞苦寛容等《けんそんじうじゆんらうくくわんようとう》を敎《をし》へて居《を》る。

第六十一章　錯　綜

六十四卦《くわ》には錯《さく》と綜《そう》とあり、錯《さく》とは二卦相對《くわあひたい》して之《これ》を視《み》るに、每爻陽《まいかうやう》と陰《いん》とを全《まつた》く異《こと》にして居《を》るをいふ。例《たと》へば、

乾䷀と坤䷁、比䷇と大有䷍、中孚䷼と小過䷽の如《ごと》きがそれである、此《こ》の類《るゐ》のものは六十四卦皆然《くわみなしか》り、左《さ》の如《ごと》し。

父	䷀	乾
母	䷁	坤
長男	䷲	震
長女	䷸	巽
中男	䷜	坎
中女	䷝	離
少男	䷳	艮
少女	䷹	兌

【父《ちゝ》と母《はゝ》と、長男《ちやうなん》と長女《ちやうぢよ》と、中男《ちうなん》と中女《ちうぢよ》と、少男《せうなん》と少女《せうぢよ》と、皆錯《みなさく》である。】

天澤履
地山謙

天雷无妄
地風升

地澤臨
天山遯

地雷復
天風姤

雷澤歸妹
風山漸

風天小畜
雷地豫

天火同人
地水師

地天泰
天地否

地火明夷
天水訟

雷天大壯
風地觀

雷火豐
風水渙

風澤中孚
雷山小過

風火家人　雷水解

水天需　火地晋

水天大有　水地比

火雷噬嗑　水風井

山澤損　澤山咸

山雷頤　澤風大過

風雷益　雷風恒

水澤節　火山旅

火澤睽　水山蹇

山天大畜　澤地萃

山火賁　澤水困

澤天夬　山地剝

澤火革
山水蒙

澤雷隨
山水蠱

綜《そう》は又反卦《またはんくわ》ともいふ、二卦《くわ》一は上《うへ》より見《み》、一は下《した》より逆《ぎやく》に見《み》るのである。例《たと》へば水《すゐ》雷屯《らいちゆん》と山水蒙《さんすゐまう》の如《ごと》き、水天需《すゐてんじゆ》と天水訟《てんすゐしやう》の類《るゐ》の如《ごと》きがそれである。

水雷屯　山水蒙

水天需　天水訟

乃《すなは》ち上《うへ》より順《じゆん》に見《み》れば水雷屯《すゐらいちゆん》と水天需《すゐてんじゆ》となれども、下《した》より逆《ぎやく》に見《み》れば山水蒙《さんすゐまう》と天水《てんすゐ》訟《しやう》とである、六十四卦《くわ》の中《うち》に於《おい》て乾《けん》、坤《こん》、坎《かん》、離《り》、大過《たいくわ》、頤《い》、小過《せうくわ》、中孚《ちうふ》の八卦《くわ》には綜《そう》といふものがなけれども、他《た》の五十六卦《くわ》には皆《みな》此《こ》の綜《そう》がある、即《すなは》ち左《さ》の如《ごと》し、孔夫子の雑卦傳は此の綜を説いたものである。

山水蒙	䷂	水雷屯
水地比	䷆	地水師
天地否	䷊	地天泰
雷地豫	䷎	地山謙
風地觀	䷒	地澤臨
山火賁	䷔	火雷噬嗑
地雷復	䷖	山地剝
山天大畜	䷘	天雷无妄
雷水解	䷦	水山蹇
天風姤	䷪	澤天夬
天水訟	䷄	水天需
天澤履	䷈	風天小畜
火天大有	䷌	天火同人
山風蠱	䷐	澤雷隨
雷風恒	䷞	澤山咸
雷天大壯	䷠	天山遯
地火明夷	䷢	火地晉
火澤睽	䷤	風火家人
風雷益	䷨	山澤損
地風升	䷬	澤地萃

水風井	澤水困
艮爲山	震爲雷
火山旅	雷火豐
水澤節	風水渙
火風鼎	澤火革
雷澤歸妹	風山漸
兌爲澤	巽爲風
火水未濟	水火既濟

右《みぎ》の錯《さく》と綜《そう》とは、易占《えきせん》の際《さい》頗《すこぶ》る緊要《きんえう》なるを以《もつ》て玆《こゝ》に之《これ》を掲《かゝ》ぐ。

第六十二章　卦身

卦身《くわしん》の事《こと》は既《すで》に第《だい》八章《しやう》に於《おい》て釋《と》きたれども、どうして此《こ》の卦身《くわしん》を定《さだ》むるといふ事《こと》は未《いま》だ言《い》はなんだ、さて此《こ》の卦身《かしん》の定《さだ》め方《かた》は學者《がくしや》に依《よ》り、區々《まち／＼》で一定《てい》して居《を》らぬやうに思《おも》はれる、さるに依《よ》り、惠定宇《けいていう》の如《ごと》きは輓近無比《ばんきんむひ》とも稱《しよう》すべき斯道《しだう》の大家《たいか》なれども、

どうも分《わ》からぬと言《い》つて居《を》る。其《そ》の說《せつ》の大意《たいい》を擧《あ》げんに、

晋《しん》の干寶《かんはう》が震《しん》の六二を解釋《かいしやく》した所《ところ》に據《よ》れば、六二は木爻《もくかう》なれば震《しん》の身《み》なりといふ。

此《こ》の說《せつ》の意《い》では、震《しん》は木卦《もくくわ》にして、六二亦木爻《またもくかう》なれば、震《しん》の身《み》と取《と》る、シテ見《み》れば卦《くわ》と五行《ぎやう》を同《おなじ》ふする爻《かう》を以《もつ》て卦身《くわしん》と爲《な》すに似《に》たり。たとへば、乾《けん》は金卦《きんくわ》ゆゑに九四　壬申金爻《みづのえさるきんかう》が卦身《くわしん》たるべく、坎《かん》水　巽《そん》木　離《り》火　の上爻《じやうかう》は、それ〳〵戊子水《つちのえみづ》、辛卯《かのとう》木《き》、己巳《つちのとみ》　火《ひ》たり、兌《だ》金の九五も亦丁酉金《またひのととりきん》たるを以《もつ》て、これらは皆卦身《みなくわしん》なるべきか、さるにても坤《こん》土　は初六乙未《しよりくきのとひつじ》　六四、癸丑《みづのとうし》　共《とも》に土《ど》である、艮《ごん》土　も亦初六丙辰《またしよりくひのえたつ》、六四丙戌《ひのえいぬ》共《とも》に土《ど》である、然《しか》らば坤艮《こんごん》の二卦《くわ》には卦身《くわしん》が二つあるに似《に》たり、如何《いかゞ》のものにや。又洞林《またどうりん》に識《の》する所《ところ》に據《よ》れば、世爻《せいかう》を以《もつ》て直《たゞち》に卦身《くわしん》と爲《な》すが如《ごと》く、又世《またせい》爻《かう》が四に在《あ》るときは五を以《もつ》て卦身《くわしん》となすものあり、干寶《かんはう》とは異《こと》なり、と、

惠氏《けいし》の如《ごと》き大家《たいか》すら卦《か》身《しん》は不《ふ》明《めい》なりといふ、いかで今定《いまさだ》め得《う》べけんや。近來《きんらい》の說《せつ》には、身《しん》には卦身《くわしん》と爻身《かうしん》とあり。卦身《くわしん》は六十四卦何《くわいづ》れにても、其《そ》の卦《くわ》の配《はい》

當月《たうげつ》次章を見よと同《おな》じ十二支《し》の爻《かう》を以《もつ》て之《これ》に充《あ》つ、たとへば其《そ》の卦《くわ》が正月の卦《くわ》であれば、陰暦《いんれき》正月は寅月《とらのつき》ゆゑ、寅爻《とらのかう》を以《もつ》て卦身《くわしん》とすと。

しかし此説《このせつ》の如《ごと》きも亦差支《またさしつか》ふる所《ところ》あり。

第六十三章　六十卦用事の月

六十四卦《くわ》の内坎離震兌《うちかんりしんだ》は四正卦《せいくわ》にして、冬至《とうじ》、夏至《げし》、春分《しゆんぶん》、秋分《しうぶん》を主《つかさど》る故《ゆゑ》にそれ〳〵分至《ぶんし》の首《はじめ》を主《つかさど》り、他《た》の六十卦《くわ》は之《これ》を十二ケ月に配當《はいたう》して、各々《おの〳〵》其《そ》の月《つき》、其《そ》の日《ひ》に於《おい》て事《こと》を用《もち》ゆるものとす、その配當《はいたう》の理由《りいう》は姑《しば》らく置《お》き、その配當《はいたう》の月《つき》は左《さ》の如《ごと》し。

陰暦

十一月冬至より　坎

中孚　復　屯内卦

月						
十二月	屯（外卦）	謙	睽	升	臨	小過（内卦）
正月	小過（外卦）	蒙	益	漸	泰	需（内卦）
二月	需（外卦）	隨	晉	[震]	解	大壯　豫（内卦）
三月	豫（外卦）	訟	蠱	革	夬	旅（内卦）
四月	旅（外卦）	師	比	小畜	乾	大有（内卦）
五月	大有（外卦）	家人	井	[離]	咸	姤　鼎（内卦）
六月						

鼎外卦　豐　渙　履　遯　恒内卦

七月

恒外卦　節　同人　損　否　巽内卦

八月

巽外卦　萃　大畜　兌　賁　觀　歸妹内卦

九月

歸妹外　无妄　明夷　困　剝　艮内卦

十月

艮外卦　既濟　噬嗑　大過　坤　未濟内卦

十一月冬至前

未濟外卦　蹇　頤

附録

高島呑象先生釜鳴の心易

高島呑象先生《たかしまどんしやうせんせい》は神易《しんえき》を事業界《じげふかい》に大用《たいよう》せられし一世《せい》の商傑《しやうけつ》たり先生講易《せんせいかうえき》の傍《かたは》ら幕末《ばくまつ》の破《は》亂《らん》に乘《じやう》じたる經驗談《けいけんだん》を以《もつ》て處世《しよせい》の活道《くわつだう》を示《しめ》さるゝを常《つね》とせられき其《そ》の中安政《うちあんせい》の大地震《だいぢしん》を先見《せんけん》せられたり其《そ》の法梅花心易《はふばいくわしんえき》の如《ごと》くに先生特《せんせいとく》に筮竹《ぜいちく》の用《もち》ひず卦爻《くわかう》を得《え》られし如《ごと》き良《よ》く斯法《このはふ》に似《に》たり此《こ》れより口授《こうじゆ》の秘法《ひはふ》をいさゝか記《しる》し且《か》つ傳中《でんちう》の一節《せつ》を借《か》りて讀者《どくしや》に便《べん》せんとす破奧《はおう》の責《せめ》は末弟《まつてい》にあり讀者活用《どくしやくわつよう》の廣《ひろ》きを察《さつ》し利用厚生《りようこうせい》する事《こと》あらば誠《まこと》に易《えき》の大效《たいかう》なりいざ釜鳴《かまなり》の談《はなし》に移《うつ》らん。

先生歳《せんせいとし》二十四歳《さい》の時安政《ときあんせい》二年《ねん》は八月末《ぐわつまつ》或日夕刻《あるひゆふこく》大名屋敷《だいめうやしき》受負《うけおひ》の普請場《ふしんば》より歸宅《きたく》せられし時先生《ときせんせい》の弟《おとうと》なる德右衞門氏《とくうゑもんし》店前《みせさき》を掃除《さうぢ》し居《お》られ先生《せんせい》の歸宅《きたく》と共《とも》に湯屋《ゆや》に趣《おもむ》かれ湯《とう》中《ちう》に於《おい》て相談《さうだん》せらるゝに今日我家《こんにちわがや》に不思議《ふしぎ》の事《こと》ありと稱《しよう》し其事《そのこと》を詳《つまびら》かにせず先生數《せんせいすう》

度《ど》詰《なじ》れば徳右衛門氏《とくうゑもんし》包《つゝ》むに由《よし》なく本日辰時我家《ほんじつたつときわがや》の釜《かま》不思議《ふしぎ》にも一片《へん》の火《ひ》なきに係《かゝは》らず烈《はげ》しく鳴動《めいどう》して近隣《きんりん》の人遠雷《ひとゑんらい》の如《ごと》しと怪《あやし》みたり是《こ》れ先生《せんせい》の憂《うれ》ひを慮《おもんばか》りて語《かた》る勿《なかれ》と禁《きん》じられしを以《もつ》てす是《こゝ》に於《おい》て先生慮《せんせいおもへ》らく世《よ》の戒《いまし》めとして國家《こくか》將《まさ》に興《おこ》らんとすれば必《かなら》ず禎《てい》祥《しやう》あり國家《こくか》將《まさ》に亡《ほろび》んとすれは必《かなら》ず妖孽《えうげつ》あり蓍龜《しき》に見《あら》はれ四體《たい》に動《うご》き禍福《くわふく》將《まさ》に至《いたら》んとすれば善必《ぜんかなら》ず先《ま》づ之《これ》を知《し》り不《ふ》善必《ぜんかなら》ず先《ま》づ之《これ》を知《し》ると奇異《きい》の事《こと》は此《か》くの如《ごと》し將《まさ》に一大變事《だいへんじ》の前兆《ぜんてう》に非《あ》らずやと湯中《たうちう》に於《おい》て靜志《せいし》默考《もくかう》すれども如何《いか》なる事《こと》や知《し》るによしなく且《か》つ筮《せい》竹算木《ちくさんぎ》なければ揲筮爲《てふせいな》す能《あた》はず遂《つゐ》に先生卦象《せんせいくわしやう》に取《と》りて慮《おもへ》らく說卦傳《せつくわでん》に坤《こん》を釜《かま》と爲《な》し動《うご》くもの震《しん》より明《あきら》かなるはなし坤《こん》は空虛《くうきよ》の意《い》あり故《ゆゑ》に内卦《ないくわ》を坤《こん》とし外卦《ぐわいくわ》を震《しん》と合《がつ》して靁《らい》地豫《ちよ》を得《え》たり辰刻《たつのこく》は三爻《こう》に當《あた》る其辭《そのじ》に曰《いは》く豫《よ》は侯《こう》を建《た》てゝ師《し》を行《や》るに利《よろ》し六三は盱豫《うよ》す悔《く》ひ遲《おそ》ければ悔《く》ひ有《あ》りと先生依《せんせいよ》りて斷《だん》せらるゝ樣《やう》う凡《およ》そ豫《よ》の卦《くわ》たる天地《てんち》順動《じゆんどう》して四時《じ》惑はず人事順潮《じんじじゆんてう》にして刑罰淸《けいばつきよ》ければ世《よ》は遊惰《いうだ》に流《なが》れ易《やす》く今《いま》にして之《これ》が警備《けいび》を速《すみや》かならしむべきの卦《くわ》なり釜鳴《かまなり》の事變《じへん》たる己《すで》に順事《じゆんじ》に非《あら》ず變豫《へんよ》の迫《せま》れるを示《しめ》せるものなり

且《か》つ三爻《かう》の辭《ことば》に依《よ》れば永《なが》く平安《へいあん》の日《ひ》を以《もつ》て世事《せいじ》になるゝは未《いま》だ異怪《いくわい》の驚《おどろ》きを知《し》らざる者《もの》なり早《はや》く既往《きわう》の逸豫《いつよ》を悔悟《くわいご》し災害《さいがい》を已前《みぜん》に覺《さと》らば亦後悔《またこうくわい》の少《すくな》きを得《え》ん優遊不斷《ゆういうふだん》を戒《いまし》められし聖人《せいじん》の敎《をしへ》は先生《せんせ》をして湯《ゆ》より去《さ》らしたり然《しか》らば如何《いか》なる事變《じへん》の突發《とつぱつ》すべきかとて途《と》中腕《ちううで》を扼《やく》して卦象《くわしやう》を觀《み》れば地上《ちじやう》に震《しん》あり地《ち》の動《うご》くを示《しめ》す地《ち》の動《うご》くは將《まさ》に地震《ちしん》を意味《いみ》す、三爻變《かうへん》じて雷山小過大坎《らいざんしやうくわだいかん》の象《しやう》あり内《うち》に大離《だいり》を藏《ざう》す離《り》を火《ひ》と爲《な》す是《こ》れ江戸《えど》大火《たいくわ》を起《おこ》す事《こと》に思《おも》ひ當《あた》られ自《みづか》ら驚愕足《きやうがくあし》の履《ふ》む所《ところ》を知《し》らす早々歸《さうくさ》宅《たく》其《そ》の後《ご》の處置《しよち》を計《はか》らる即《そつ》刻大火《こくだいくわ》の後《のち》に入用《にふよう》なるは材木《ざいもく》にあり是《こ》れ木材《もくざい》の大買收《だいばいしう》するにしかずと深《ふか》き所信《しよしん》を懐《いだ》かれ大活動《だいくわつどう》すべきを察《さつ》せられしこそ又異《またい》ならずや三爻變《かうへん》を以《もつ》て三晝夜《ちうや》の後《のち》には江戸《えど》市中《しちう》を灰燼《くわいじん》にすべき驚天動地《きやうてんどうち》の凶變《きようへん》が來《きた》るべき事《こと》は是《こ》れ凡人《ぼんじん》の考《かんが》へ得《う》べきに非《あら》ず嗚呼《あゝ》先生《せんせい》の偉大《ゐだい》なる思《おも》ひ餘《あま》れり而《しか》して其夜《そのよ》の中《うち》に提灯《ちやうちん》を手《て》にして家《いへ》を出《い》でられたり從來先生《じうらいせんせい》の店《みせ》は鍋島家《なべしまけ》の御用材木店《ごようざいもくてん》にして常《つね》に一手販賣《てはんばい》に引受《ひきう》けられし姿《すがた》なれば直《たゞち》に同邸《どうてい》に伺候《しこう》せられ元締用人《もとじめようにん》井上善兵衞《ゐのうへぜんべい》氏《し》に述《の》ぶるに當節《たうせつ》我《わ》が朋友《はういう》の中《うち》に材木《ざいもく》を山《やま》より切《き》り出《いだ》しつ

〽ある者《もの》あり今《いま》に於《おい》て其方《そのはう》に約定金《やくぢやうきん》を差入《さしい》れ置《お》く時《とき》は明年《みやうねん》に至《いた》るも安價《あんか》にして良品《りやうひん》を得《う》べきを以《もつ》て前金《せんきん》として拜借《はいしやく》し返濟《へんさい》は後《のち》に納《おさ》むべき御用材代《ごようざいだい》を以《もつ》て引去《ひきさ》る時《とき》は相互《さうご》便《べん》なるを述《の》べて金《きん》千兩《りやう》を借用《しやくよう》せられたり斯《か》くして木場《きば》町《まち》に入《い》り込《こ》み氣《き》の毒《どく》なる貧家《ひんか》の商《しやう》品《ひん》よりも金滿家《きんまんか》の大店《おほだな》より買收《ばいしう》せばやと夜通《よとほ》し廻《まは》られて買集《かひあつ》む皆急用《みなきふよう》に利《り》ある小角板《こかくいた》貫《きぬ》の類《るゐ》を選《えら》まれたり當時《たうじ》市《し》中《ちう》不景氣《ふけいき》揚句《あげく》なれば値段《ねだん》も案外《あんぐわい》に安《やす》く杉《すぎ》五寸角《すんかく》一丈《ぢやう》四　尺《しやく》紀州新宮《きしうしんぐう》の産《さん》一兩《りやう》に付《つき》十六本半替《ほんはんかへ》松《まつ》四分板《ぶいた》は一兩《りやう》に百十枚松《まいまつ》の六分《ぶ》は百五枚位《まいくらゐ》なり又《また》當時《たうじ》の取引法《とりひきはふ》は唯鼠半切《たゞねずみはんせつ》に材木《ざいもく》の名《な》と印《いん》と國《くに》と山並《やまならび》に員數《いんすう》を記《しる》し値段《ねだん》は符牒《ふてふ》にて認《したゝ》め右《みぎ》の通《とほ》りに御座《ござ》候《さふらふ》也月日《なりがつぴ》某《ぼう》と書《か》くのみにして極《きは》めて手堅《てがた》く決《けつ》して破《やぶ》る如《ごと》き者《もの》なかりしなり先生遂《せんせいつゐ》に兩度《りやうど》に渡《わた》りて凡《およ》そ代價《だいか》一萬兩餘《まんりやうよ》も買入《かひいれ》借用金《しやくようきん》千兩《りやう》を各問屋《かくとんや》に分配《ぶんぱい》し時節來《じせつきた》るや遲《おそ》しと待《ま》たれたり翌日《よくじつ》よりは餘暇《よか》ある毎《ごと》に時々戸外《ときどきこぐわい》に飛《と》び出《だ》し何《いづ》れの方《はう》向《かう》にか火《ひ》の手《て》の見《み》へざるかと窺《うかゞ》はれしも天氣《てんき》晴朗《せいらう》にして變《かは》りし樣子《やうす》もあらざれば先生《せんせい》としても狂氣《きやうき》の如《ごと》き逸《はや》り勝《が》ちなる買《か》ひ過《す》ぎの材木《ざいもく》を悔《く》ひ聊《いさゝ》か勇氣《ゆうき》拔《ぬ》けの感《かん》を以《もつ》て成行《なりゆき》

を案《あん》ぜられたり先生《せんせい》平常心《へいぜいこころ》に不快《ふくわい》ある折《を》りは今《いま》に我身《わがみ》も斯《か》かる石帽《いしばう》を戴《いただ》く可《べ》きを覺悟《かくご》し菩提寺《ぼだいじ》高輪泉岳寺《たかなわせんがくじ》に墓參《ぼさん》するを定《さだ》めと爲《せ》らる先生又《せんせいまた》も心落《こころお》ちつかず墓詣《はかまへ》りに赴《おもむ》かれ更《さら》に熟考數刻夕暮《じゆくかうすうこくせきぼ》に家《いへ》に歸《かへ》れば大垣藩分家《おほがきはんぶんけ》戸田安房守《とだあはのかみ》の家老《かろう》より明日藩主家督相續《めうにちはんしゆかとくさうぞく》の祝宴《しゆくえん》を催《もよほ》すべければの招待狀《せうたいじやう》あり同邸《どうてい》は本郷壹岐殿坂《ほんがういきでんのさか》にあり先生《せんせい》と内緣《ないゑん》の關係《くわんけい》上常《じやうつね》に知遇《ちぐう》せらる依《よつ》て翌日同家《よくじつどうけ》に赴《おもむ》き馳走《ちさう》を受け酩酊《めいてい》して特《とく》に乘物《のりもの》を貰《もら》ひ受《う》け歸路《きろ》に就《つ》きしが此《こ》の日《ひ》先生《せんせい》の知《し》れる藝妓《げいぎ》某吉原仲《ぼうよしはらなか》の町《ちやう》に店開《みせびらき》祝《いはひ》あり披露《ひろう》に招《まね》かれしに心付《こころづ》かれ更《さら》に途《みち》を折《を》れて本鄕《ほんがう》の越中屋《えつちうや》と云《い》へる駕籠屋《かごや》より大《だい》なる山駕籠《やまかご》に乘《の》り替《か》へ吉原《よしはら》へ赴《おもむ》かんと湯島切通《ゆしまきりどほ》し加州盲長屋《かしうめくらながや》の前《まへ》を過《す》ぎしと思《おも》ふ頃醉心地《ころよゑひごこち》にて駕籠《かご》に搖《ゆ》られ睡《ねむ》り居《ゐ》たるに異樣《いやう》の大音響《だいおんきやう》と共《とも》に駕籠舁が旦那大地震《だんなだいぢしん》ですと告《つ》ぐ先生目《せんせいめ》を開《ひら》きて前面《ぜんめん》の町家《ちやうか》を眺《なが》むれば動搖甚《どうえうはなは》だしく戸障子《としやうじ》は微塵《みぢん》に碎《くだ》け屋根瓦崩落《やねがはらほうらく》して家《いへ》の覆《くつが》へる有樣男女《ありさまなんによ》の泣《な》き叫《さけ》ぶ聲《こゑ》は凄《すさ》まじくも恐《おそ》ろしき折柄各所《をりからかくしよ》より火《ひ》を失《しつ》して左右前後《さいうぜんご》は直《ただ》ちに火《ひ》の海《うみ》と化《くわ》したり實《じつ》に安政《あんせい》二年《ねん》十月《ぐわつ》二日《か》の夜《よる》の大地震《だいぢしん》とは之《これ》を稱《しよう》するものにして江戸市中《えどしちう》二十七ケ所《しよ》

より一度《ど》に大火《たいくわ》と爲《な》り先生《せんせい》の進路《しんろ》は全《まつた》く遮斷《しやだん》せられたる如《ごと》く火《ひ》を以《もつ》て包《つゝ》まれたれば路《みち》を轉《てん》じ筋違見付今《すぢちがひみつけいま》の萬世橋《まんせいばし》にて駕籠《かご》を下《くだ》り大通《おゝどほり》を徒歩《とほ》して三十間掘《ほり》なる先生宅《せんせいたく》に歸《かへ》られしに江戸《えど》一面《めん》は夜間《やかん》も日中《につちう》に異《こと》ならず先生自宅《せんせいじたく》は幸《さいはい》に類燒《るいせう》の難《なん》を免《まぬ》かれしも先生《せんせい》出入《でいり》なる鍋島南部《なべしまなんぶ》兩屋敷《りやうやしき》とも火事《くわじ》の眞最中《まつさいちう》との報告《はふこく》あり且《か》つ先生宅《せんせいたく》には木挽車力等《こびきしやりきなど》の大勢見舞《おほぜいみまひ》に來《きた》れる折《をり》とて是等《これら》を直《たゞ》ちに傭《やと》ひ入《い》れられたり斯《か》くて戸板《といた》七百枚《まい》を多人數手《たにんずうで》送《おく》りにて山下門内鍋島家《やましたもんないなべしまけい》の門前迄運《もんぜんまでよこ》ぶ可《べ》しと命《めい》じ早速山下町《さつそくやましたちやう》の荒物屋《あらものや》より草履《ざうり》數《すう》百足《そく》を買取《かひと》り之《こ》れを贈《おく》り又幕杭《またばくくひ》をも運《はこ》ばれたり幕杭《ばくくひ》は圍《かこ》ひを爲《な》すの用意《ようい》にて當時大名屋敷《たうじだいみやうやしき》の燒跡《やけあと》を見《み》せざるを以《もつ》て能事《のうじ》となせるが故《ゆゑ》に未《いま》だ夜《よ》の明《あ》けざる火《ひ》の鎭《しづ》まるを待《ま》ちて漸《せん》次《じ》に外圍《そかこ》ひに着手《ちやくしゆ》されたり此時《このとき》の有樣《ありさま》たるや人々《ひと〴〵》互《たがひ》に顔《かほ》を合《あは》せる毎《ごと》に先《ま》づ無事《ぶじ》に生殘《いきのこ》れるを祝《いは》ふのみなりき且《か》つ先生《せんせい》の胸中易占《きようちうえきせん》の玄妙材木《げんめうざいもく》の利益《りえき》を以《もつ》て得意《とくい》たる事思《ことおも》ふべし早朝元締用人《さうてうもとしめようにん》井上善兵衞氏《ゐのうへぜんべいし》に遇合《ぐうがふ》せられし處同氏《ところどうし》の談《だん》する所《ところ》に君公《くんこう》(閑叟公《かんさうこう》)昨日佐《さくじつさ》賀《が》御出發《ごしゆつぱつ》轟《とゞろき》宿《しゆく》に御《ご》一宿《しゆく》の御日取《おひどり》なれば今《いま》より早飛脚を差立《さした》つるも廣島邊《ひろしまへん》にて此《こ》の騷《さう》

動《どう》を御《ご》通知申上《つうちまうしあげ》ることすら覺束《おぼつか》なし殊《こと》に君公《くんこう》は活潑《くわつぱつ》なる御氣質《おんきしつ》の事《こと》とて此《こ》の變事《へんじ》を聞《き》き萬々《ばん〱》歸《き》國《こく》遊《あそば》さるゝ事《こと》なく必定《ひつぢやう》御出府《ごしゆつぷ》あるべしと推察《すゐさつ》す付《つい》ては今《いま》三屋敷《やしき》とも或《あるひ》は潰《つぶ》れ或《あるひ》は燒失《せうしつ》するが今《いま》より三十日間《かん》を以《も》て御《お》供上下《ともじやうげ》五百人《にん》の家屋《かおく》と奥方《おくがた》御住《すま》ひ等《とう》の百五十人《にん》の家屋《かおく》を建造《けんざう》せざるべからず此《こ》の急普請引受《きふふしんひきうけ》得るか如何《いかん》と先生《せんせい》に問《と》はる先生答《せんせいこた》へて曰《いは》く此際假普請《このさいかりふしん》だけは御受合《おんうけあ》ひ申《まう》す可《べ》し且《か》つ此後續《こののちつゞ》いて震災《しんさい》なきを保《ほ》し難《がた》きが故《ゆゑ》に上《じやう》等《とう》の銅《どう》を以《もつ》て屋根《やね》を葺《ふ》き其下《そのした》に鱗葺《うろこぶ》きとし壁《かべ》は寒氣《かんき》に向《むか》ひ居《ゐ》るを以《もつ》て板羽目《いたはめ》に唐紙《からかみ》を帖《は》り付《つ》け申《まう》す可《べ》く併《しか》し先立《さきだ》つものは金《かね》なれば先《ま》づ金子拝受《きんすはいじゆ》の上手配《うへてくば》り致《いた》さんと申出《まうしい》でられたる所《どこ》ろ騒動《さうどう》の際《さい》金子《きんす》は悉《こと〴〵》く堀井戸《ほりゐど》へ投《な》げ込《こ》みたれば直《たゞ》ちに井戸屋《ゐどや》を呼《よ》び潜水《せんする》に巧《たく》みなる者《もの》を雇《やと》ひ來《きた》り其體《そのたい》に繩《なは》を結《むす》び付《つ》け十二間餘《けんよ》の井戸《ゐど》の底《そこ》に潜《もぐ》りて金匣《かねばこ》を釣《つ》り上《あ》げ其中《そのうち》より小判《こばん》一萬兩《まんりやう》を受取《うけと》り駕籠蒲團《かごふとん》の下《した》に百兩包《りやうつゝ》みを幷《なら》べて其上《そのうへ》に座《ざ》し四人《にん》の擔夫《たんふ》を叱《しつ》せられて三日前《かまへ》に安《やす》く買《か》ひ取《と》りたる材木屋《ざいもくや》を廻《まは》り之《こ》れに代金《だいきん》を仕拂《しはら》はれたり其時《そのとき》三日前《かまへ》に買取《かひと》り置《お》きたる材木《ざいもく》は四倍《ばい》の高價《たかね》に騰貴《とうき》したるも誰《た》れ一人《ひとり》苦情《くじやう》を唱《とな》ふる

もの無《な》く且《か》つ先生《せんせい》の大金《たいきん》を仕《し》拂《はらひ》たるに驚愕《きやうかく》するのみにて信義《しんぎ》厚《あつ》き云《い》んかたなかりきと斯《か》くて急普請《きふふしん》は先生《せんせい》の手《て》に依《よ》り三十四日《か》晝夜《ちうや》草鞋《わらじ》を解《と》かず木場《きば》と相往來《あひわうらい》して寢食《しんしよく》の暇《いとま》なく勵《はげ》まれ約束《やくそく》の如《ごと》く鍋島家《なべしまけい》の普請《ふしん》は出來《しゆつらい》したり然《しか》して該家《がいけ》より材木代《ざいもくだい》を請求《せいきう》すべしとの御沙汰《ごさた》を受《う》けられたる先生《せんせい》は平素《へいそ》御恩澤《ごおんたく》厚《あつ》き御屋敷《おやしき》の災難《さいなん》なれば騰貴《とうき》せる相場《さうば》を以《もつ》て請求書《せいきうしよ》を差出《さしいだ》すに忍《しの》びず就《つい》ては御屋敷《おやしき》の手《て》を以《も》つて材木《ざいもく》の相場《さうば》御聞糺《おきゝただ》しの上《うへ》御拂《おはらひ》渡《はた》し相成《あひなり》たく且《か》つ先生《せんせい》所持《しよぢ》の材木《ざいもく》も多少《たせう》加《くは》はり居《ゐ》る故《ゆゑ》に此《これ》が流用勘定《りうようかんぢやう》に依《よ》て多《おほ》くの損《そん》失《しつ》には相成《あひな》るまじく若《も》し大損失《だいそんしつ》となりて身《み》に及《およ》ばざる時《とき》は其節《そのせつ》嘆願《たんぐわん》仕《つかまつ》るべしと申立《まうしたて》られ志《こゝろざし》を以《もつ》て誠《まこと》に至當《したう》の申立《まうしたて》なりとして其《そ》れより鍋島家《なべしまけ》の役人《やくにん》は市中《しちう》五軒《けん》の材木屋《ざいもくや》を聞合《きゝあは》せ其平均相場《そのへいきんさうば》を割出《わりだ》し之《これ》に五分《ぶ》の口錢《こうせん》を加《くは》へて先生《せんせい》に拂渡《はらひわた》されたり當時《たうじ》幕府《ばくふ》の法《はふ》として大火災《だいくわさい》に乘《じやう》じ材木相場《ざいもくさうば》を引上《ひきあ》ぐるを罪《つみ》し之《これ》を懲《こら》すの掟《おきて》なれば其後《そのご》町奉行《まちぶぎやう》より鍋《なべ》島家《しまけ》に就《つい》て先生《せんせい》の請求書《せいきうしよ》を調《しら》べんとしたるに該家《がいけ》にては屋敷《やしき》の眼鏡《めがね》を以《もつ》て支拂《しはら》ひを爲《な》したりと返答《へんたふ》され事《こと》なきを得《え》られしは誠《まこと》に幸運目出度《かううんめでた》き事《こと》なりき先生釜鳴《せんせいかまな》りを易斷《えきだん》し

て山氣《やまき》に乘《じよう》じ年若《としわか》くして巨利《きより》を博《はく》せらる先生《せんせい》の一大事業《だいじげふ》の濫觴《らんしやう》は此時《このとき》に芽《め》ざせるものならん蓋《けだ》し先生《せんせい》殘《のこ》りの材木《ざいもく》を賣《う》りたる吶嗟《とつさ》の間《あひだ》にて二萬兩《まんりやう》を利《り》せられしとぞ。

本書《ほんしよ》の愛讀者《あいどくしや》退《しりぞ》いて他人《たにん》を占《うらな》ふを以《もつ》て能《のう》とせず自《みづか》ら進《すゝ》んで易《えき》の廣大《くわうだい》なるを實行《じつかう》せらるゝことあらば著者《ちよしや》の幸《さいはひ》之《こ》れに過《す》ぎず。

梅花心易即座考 大尾

水流濕。火就燥

雲從龍。風從虎

跋

凡《およ》そ人生《じんせい》なるものの程思《ほどおも》へば思《おも》ふ程奇《ほどく》しきものは非《あら》ずや、古今《ここん》を通《つう》じて屈伸往來《くつしんわうらい》の感《かん》常《つね》に從《したが》はれ、東西《とうざい》の別《わか》ちなく悔吝休咎《くわいりんきうきう》の幾《き》影《かげ》の如《ごと》く纏《まつ》はり、一念《ねん》の收斂《しうれん》、一事《じ》の光明《くわうめう》さへ、自《おのづか》ら陰陽《いんやう》あり、明《あかる》きに辿《たど》り、暗《くら》きに息《やす》むこと、歳々生々《さいさいせいせい》として働《はたら》くも、亦《また》奇《く》しきことどもならずや、其間《そのかん》にありて心《こゝろ》を操《あやつ》り行《おこなひ》を制《せい》するに中道《ちうだう》を以《もつ》て守《まも》らば、放膽《はうたん》に流《なが》れずして自《おのづか》ら理《り》は正《たゞ》しく數《すう》に乘《じよう》ずれども、天道《てんだう》運《め》ぐりて違《たが》はざるに近《ちか》からん、而《しか》して吾人《ごじん》懼《おそ》るれば占《せん》を思《おも》ひ、疑《うたが》へば斷《だん》に迷《まよ》ふも、斟酌損益相交《しんしやくそんえきあひまじ》はり、天行地施《てんかうちし》自《おのづか》ら備《そな》はるものゝ如《ごと》し、是《こ》れ元亨利貞《げんかうりてい》の道《みち》、大《だい》となり小《せう》となりて生《しやう》ずる所以《ゆゑん》なり、元亨利貞《げんかうりてい》は易《えき》の道《みち》にして其《そ》の名《な》なり、

然《しか》らば易《えき》とは何《なん》ぞや曰《いは》く、言《い》ひ難《がた》し、變通《へんつう》を尊《たふと》ぶが故《ゆゑ》なり、故《ゆゑ》に聖人象《せいじんしやう》を掛《か》けて

に命《めい》せらる、道《みち》は一言《げん》にして盡《つく》すべきも象《しやう》は千變《へん》にして窮《きはま》りなく、辭《ことば》に因《よ》りて象《しやう》を會《くわい》し、象《しやう》に因《よ》りて義《ぎ》を辨《べん》ずれば、爻象《かうしやう》宜《よろ》しきに隨《したが》ひて、發揮《はつき》旁通《ばうつう》し、禍福《くわふく》の流行《りうかう》何所《いづこ》に往《ゆ》くとして易《えき》に非《あら》ざるはなく、何時《いつ》を觀《み》ても占《せん》に非《あ》らざるはなきが如《ごと》し、左《さ》れば世《よ》と易《えき》とは須臾《すゆ》も離《はな》るべきものに非《あら》ず、生々《せいく》として存々《そんく》たる事《こと》を思《おも》はゞ、亦《また》奇《き》ならずや、故《ゆゑ》に君子《くんし》は居《を》れば則《すなは》ち其象《そのしやう》を觀《み》て其辭《そのことば》を玩《もてあそ》び、動《うご》けば則《すなは》ち其變《そのへん》を觀《み》て其占《そのせん》を玩《もてあそ》び、天《てん》を樂《たのし》んで明《めい》に向《むか》ひ、位《くらゐ》を正《たゞ》して命《めい》を凝《な》すも故《ゆゑ》ある哉《かな》

世《よ》の占《せん》を用《もち》ふる者《もの》一奇《き》一隅《ぐう》と雖《いへど》も其要《そのえう》を得《う》れば、消息成敗《せうそくせいばい》の數《すう》は表《あら》はれ、根幹枝葉《こんかんしえふ》次第《しだい》に分明《ぶんめい》すべし、延《ひい》て六十四名義《めいぎ》を思《おも》ひ、三百八十四爻象《かうしやう》を觀《み》れば、蓋《けだ》し天下《てんか》の變《へん》化極《くわきはま》りなかるべし、世《よ》に區々《くゝ》たる蓍策《しさく》を以《もつ》て、之《こ》れ占《せん》と稱《しよう》するが如《ごと》き事多《ごとおほ》し、是《こ》れ善《よ》く易《えき》を用《もち》ふる者《もの》に非《あら》ざるなり、卦《くわ》を逐《お》ひ爻《かう》に從《したが》ひ、身《み》を以《もつ》て自《みづか》ら占《うらな》はゞ灼然《しやくせん》として吉《きつ》凶從違《きようじうゐ》の理《り》は精《くは》しく、嘿識會通《もくしきくわいつう》して、掌中《しやうちう》の玉《たま》を齊《とゝの》ふことを得《う》べし、是《こ》れ心易《しんえき》の起《おこ》る

所以《ゆゑん》にして、始《はじ》めて善《ぜん》を勸《すゝ》め惡《あく》を改《あらた》むるの敎《をしへ》に表《あら》はれ、民志《みんし》を定《さだ》めて衣食《いしよく》に安《やすん》ぜらるべし、

然《しか》らば蓍策《しさく》たる者《もの》用《よう》なきに近《ちか》きか、曰《いは》く非《ひ》なり、易《えき》は聖人《せいじん》の其道《そのみち》を神《しん》にする所以《ゆゑん》にして、蓍策《しさく》は聖人《せいじん》の易《えき》の情《じやう》を寫《うつ》して其道《そのみち》を神《しん》にする所以《ゆゑん》のものなればなり、故《ゆゑ》に之《これ》に依《よ》りて易《えき》を觀《み》るべしと雖《いへど》も、蓍策《しさく》のみに依《よ》るは易《えき》を學《まな》ぶ者《もの》と云《い》ひ難《がた》し、易《えき》は廣《ひろ》し大《だい》なり、易《えき》に非《あ》らざれば造化《ざうくわ》を見《み》るなく、易成《えきな》りて變動《へんどう》表《あら》はる、聖人《せいじん》蓍策《しさく》を作爲《さくゐ》して、人《ひと》をして至誠《しせい》神《かみ》に格《いた》し以《もつ》て策《さく》を揲《せつ》して爻《かう》を求《もと》め、卦《くわ》に合《がつ》せしめ、且《か》つ老少《らうせう》の法《はふ》備《そな》はらば、數《すう》に依《よ》り變《へん》を盡《つく》さしむ、其《そ》の命響《めいひゞき》の如《ごと》し、蓍《し》の德《とく》たる圓《ゑん》にして神《しん》とするは、是《こ》れ此《こ》れを謂《い》ふなり、故《ゆゑ》に蓍策《しさく》は尊《たふと》べくして、心易《しんえき》は忘《わす》るべからざるものなり、

舊《ふる》きより心易《しんえき》の書《しよ》世《よ》にあり、今《いま》や又此書《またこのしよ》を刊《かん》す、初學《しよがく》に便《べん》ぜんが爲《た》め賦《か》簡易《かんゐ》なることと談笑《だんせう》の風《ふう》あり、且《か》つ災怪祟異《さいくわいすゐい》を示《しめ》さざるは誠《まこと》に其意《そのい》の深《ふか》きを見《み》るに足《た》る、備《そな》はれり

と云《い》ふべし、
讀者易《どくしややす》きをいとはず、良《よ》く習《ならは》るゝことあらば、亦此道《またこのみち》の光《ひかり》なり、化《くわ》して蕃《しげき》を裁《さい》せば
和平《わへい》の益《えき》愈々《いよ〜〜》大《だい》ならん、愚言《ぐげん》を連《つら》ねて空《くう》を満《み》たすのみ、

壬戌夏土用

狂易迂人

大正十一年十月五日印刷
大正十一年十月十日發行

正價金壹圓五拾錢
郵稅金六錢

著作者　羽化仙人
東京市本鄉區湯島四丁目五番地
發行者　柄澤正義
東京市神田區雉子町三十四番地
印刷者　高橋一郎
東京市神田區雉子町三十四番地
印刷所　成章堂

東京市本鄉區湯島四丁目五番地
發賣所　神誠館
（電話小石川三千六百〇九番）
（振替口座東京五三六五番）

梅花心易即座考

大正十一年十月　十　日　初版発行
平成二十四年九月　十　日　復刻版初刷発行
令和　六　年九月二十四日　復刻版第四刷発行

著　者　羽化仙人

発行所　八幡書店
東京都品川区平塚二―一―十六
KKビル五階
電話　〇三（三七八五）〇八八一
振替　〇〇一八〇―一―四七二七六三

ISBN978-4-89350-719-8 C0014 ¥2800E

八幡書店 DM や出版目録のお申込み（無料）は、左 QR コードから。
DM ご請求フォーム https://inquiry.hachiman.com/inquiry-dm/
にご記入いただく他、直接電話 (03-3785-0881）でも OK。

八幡書店 DM（48 ページの A4 判カラー冊子）毎月発送

①当社刊行書籍（古神道・霊術・占術・古史古伝・東洋医学・武術・仏教）
②当社取り扱い物販商品（ブレインマシン KASINA・霊符・霊玉・御幣・神扇・火鑽金・天津金木・和紙・各種掛軸 etc.）
③パワーストーン各種（ブレスレット・勾玉・PT etc.）
④特価書籍（他出版社様新刊書籍を特価にて販売）
⑤古書（神道・オカルト・古代史・東洋医学・武術・仏教関連）

八幡書店 出版目録（124 ページの A5 判冊子）

古神道・霊術・占術・オカルト・古史古伝・東洋医学・武術・仏教関連の珍しい書籍・グッズを紹介！

八幡書店のホームページは、
下 QR コードから。

森羅万象の数的本質から神意を読み解く究極の易占法

梅花心易掌中指南

定価 4,180 円
（本体 3,800 円+税 10%）
A5 判 並製

馬場信武＝著　中根松伯＝校正

「梅花心易」とは、筮竹や擲銭等のアイテムを使用せずに、占断する年月日時や対象の物から「数」を読み取って易卦を立てる占法で、周りのあらゆる事象を注意深く観察し、その奥に隠された神意を自ら紐解いていく究極の易占といわれる。中国・宋時代の邵康節が大成化したとされる。具体的には、年月日時の数字から読み解くような場合は、指の八箇所を使って六十四卦を、次に指の六箇所を使って変爻を割り出し、本卦・変卦を求めるのである（右図参照）。得卦した本卦・変卦（之卦）・互卦（本卦の２～４爻を下卦とし、３～５爻を上卦とした卦）をもとに、象意判断はもとより、五行的観点から「体」-「用」、「生」-「剋」の要素も踏まえて吉凶を判断するなど、断易の手法も取り入れながら、周易をよりシステマティックにしたものといえる。本書は、中国のト占書を数多く和解・紹介した江戸時代の漢学者・馬場信武の著になる『聚類参考 梅花心易掌中指南』を、明治時代になって中根松伯が増補校正したものの復刻である。

密教教理から導かれた秘密占法の極意

弘法大師御口伝 四目録秘密占法

異風堂道足＝謹補　　定価 4,180 円（本体 3,800 円+税 10%）　A5 判 並製

弘法大師が人の吉凶禍福を占い、百発百中であったとされる秘密占法「四目録占法」。『永代大雑書大成』等にごくごく一部が掲載されているが、現存する資料も少なく、明治 30 年代になって、とある高僧より相承・写本の伝授を受けた異風堂道足が、その秘蔵写本をベースに、寛政２年版『四目録秘密占』と照合し、訂正増補した本書『四目録秘密占法』によって、ようやく巷間に広まったようである。
この占法は、天象・神仏・人事・売買の「四目録」に分かれた 64 項目において、〔占う人の年齢＋占う月＋占う日＋占う時〕を合算して８払いした数字で占うもので、誰でも予備知識ナシで即座に簡単に占うことができる。占断する年月日時や対象の物から「数」を読み取って易卦を立てる「梅花心易」との共通点もあるが、似て非なるものであると、本書刊行に携わった道足居士は述べている。なお、「四目録占法」は、自らの鑑定に深みをもたすために活用している占術家もおられると仄聞するので、素人でもすぐ占えるといって軽視することは禁物である。